絶対合格 英検4級

杉浦宏昌【著】

高橋書店

「英検4級合格のために」
── まえがきにかえて ──

　目標を決めて、準備して、自分を鍛えて、実力を試す。これを「挑戦する」と言います。何ごとであれ挑戦を続ける人は成長し続けます。
　英検は試験ですから、だれでも「どんな問題が出るのかな」「リスニングで聞き取れなかったらどうしよう」「合格できなかったらいやだな」と少しは心配すると思います。
　でも、そんな心配は、ここでやめにしましょう。みなさんは英検4級を受験すると決めたのですから、「合格できる実力を身につける」と、固く決意してください。こんな言葉もあります（読む時にはWILLとCANを強く発音してください）。

If you have a WILL, you CAN do it.
その気になれば、絶対にできる。

　「英検4級に絶対に受かるように勉強しよう」と本気で決意し、"今日から毎日必ず"この問題集をやれば合格できます。疲れて眠くなってしまった日には1問だけでもいいのです（もちろん、毎日1問では困りますが…）。一所懸命に勉強した結果、自分の実力が証明されて合格した時のうれしさは、最高のものに違いありません。
　本書はみなさんの英検4級への挑戦の強い味方です。この挑戦に見事に成功して、さらにまた新しいステップへと挑むことを願っています。

本書は次のように活用してください。
1. 「毎日必ず○ページやる」というように、学習ペースを決める。
2. 間違えた問題には印をつけておき、その解説は特に注意して読み、翌日その問題をもう一度やり直してから先へ進む。
3. すべての英文を音読してみると実力がわかります。音読でつっかえたところはよくわかっていないところです。
4. 付属のCDでリスニング練習をしたあとで、英語を聞いて書き取る練習をすると、自分の弱点がわかります。

Try again and again, then your courage will appear.
何度も何度も挑戦しなさい、そうすれば勇気がわいてくるのです。

著者

CONTENTS

英検4級受験にあたって ……………… 4
本書の特長 ………………………… 6

第1章 短文の語句空所補充 …… 7

⚠ 解答のコツ …………………………… 8

Part1 語いに関する問題

- 名詞 …………… *10* ・動詞 ……………… *18*
- 形容詞 ………… *26* ・副詞・前置詞 …… *30*

Part2 熟語に関する問題

- 動詞 …………… *34* ・形容詞 …………… *44*
- 副詞・副詞句 …… *48*

Part3 文法に関する問題

- 不定詞・動名詞 … *56* ・比較 ……………… *60*
- 時制 …………… *64* ・前置詞・接続詞 … *66*
- 助動詞 ………… *68* ・その他 …………… *70*

COLUMN ……………………………………… *74*

第2章 会話文の文空所補充 …… 75

⚠ 解答のコツ …………………………… *76*

◈ 会話文の文空所補充 ………………… *78*

COLUMN ……………………………………… *86*

絶対合格　英検4級

第3章　日本文付き文の語句整序 …87
- 解答のコツ …………………………… 88
- 日本文付き文の語句整序 ………… 90
- COLUMN …………………………… 96

第4章　長文の内容一致選択 …97
- 解答のコツ …………………………… 98
- 長文の内容一致選択 ……………… 100
- COLUMN …………………………… 120

第5章　リスニング問題 …121
- 解答のコツ …………………………… 122
  - トラック2〜5　会話の応答文選択 ……… 124
  - トラック6〜10　会話の内容一致選択 …… 133
  - トラック11〜14　文の内容一致選択 …… 145

直前対策集
- 単語のまとめ ……………………… 154
- 熟語のまとめ ……………………… 156
- 文法のまとめ ……………………… 158

英検4級受験にあたって

　英検4級は、中学中級程度の英語力を試す検定試験です。このレベルの英語の「聞く・話す・読む・書く」についてまんべんなく練習しておけば、自信を持って受験できます。日ごろから基礎的な英語をよく聞き、声に出して元気に読むことを心がけましょう。

1 審査基準

(1) 語い
　中学中級程度の単語と熟語を習得しているかを試します。

(2) 内容
　学校や家庭で使う日常の表現を中心に出題されます。例えば、簡単なあいさつ、紹介、問答をする時の表現などです。また長文問題では、友だちとの学校生活や、手紙・E-mail でのやり取りなどが題材になります。

(3) 程度
　基本的な、決まった語・句・文を使って会話ができる程度の英語力を試します。この問題集で扱った語句と表現をよく覚えておけば、どのようなたずねられ方をしても大丈夫です。
　リスニングでは、筆記試験に比べて単語や表現はずっとやさしくなります。リスニングのポイントは、設問中の疑問詞(when・where・who・what など)を正確に聞き取ることです。日ごろから When？ Where？ Who？ What？ に注意して英語を読んだり、聞いたりするとよい練習になります。

(4) 合格ライン
　筆記試験(35問)とリスニングテスト(30問)を合わせた65点満点(1問1点)のうち、60%程度と推定されます。

2 試験の概略

筆記試験とリスニングテストです。二次試験(面接試験)はありません。問題数は下の通りです。解答方法はすべてマークシート方式で、解答用紙の解答欄を鉛筆でぬりつぶします。

筆記35問 （35分）	短文の語句空所補充	15問
	会話文の文空所補充	5問
	日本文付き文の語句整序	5問
	長文の内容一致選択	10問
リスニング30問 （約30分）	第1部　会話の応答文選択	10問
	第2部　会話の内容一致選択	10問
	第3部　文の内容一致選択	10問

3 合否の報告

日本英語検定協会のウェブサイト上とはがきで通知があり、合格者には後日合格証が送付されます。

※「受験にあたって」の内容や各章の試験形式等については変わる場合があります。詳細はホームページ等でご確認ください。

本書の特長

● わかりやすい見開き形式で、問題―解答・解説を掲載
　見開きページに問題と解答・解説を載せて、学習しやすい構成としました。また、練習問題の配列は、実際の試験問題に合わせてあります。

● よく出るポイント、解答のコツを明記
　各章の初めには、その章でよく出る問題のポイント確認とその対策を示しました。英検を初めて受験する人や、自分の実力がどのくらいなのかわからないといった人は、ここに目を通してから問題にチャレンジしてください。また、巻末には過去の出題傾向をふまえて作成した「単語・熟語・文法のまとめ」を設けました。試験の直前対策として活用してください。

● 過去の問題を徹底分析
　これまでの試験問題を分析すると、ある一定の単語・熟語・表現についての知識がさまざまな形で試されていることがわかります。本書はこれまでに出題された4級問題を分析して、今後の出題傾向をしぼりました。また、特に出題頻度の高い問題については、　よく出る　マークで示しました。

● 各章の特長
【第1章　短文の語句空所補充】
語い・熟語・文法の3つにパートを分けて、合計221題を用意しました。本試験で配点率の高い問題の一つです。この問題の成績が合否に大きく影響しますので、この章の問題には十分慣れてください。
【第2章　会話文の文空所補充】
家庭や学校での日常表現の知識が試されます。受け答えの一定のパターンに慣れ、決まり文句を覚えられるように構成しました。
【第3章　日本文付き文の語句整序】
基本的な文法と重要表現の知識が試されます。特に、語順についての解説を充実させました。
【第4章　長文の内容一致選択】
長文から必要な情報を読み取る能力が試されます。長文の題材ごとに解き方のポイントを解説しました。
【第5章　リスニング問題】
実際の試験に基づき厳選した問題を、CDを使って練習できます。

第1章

短文の語句空所補充

- ⚠ 解答のコツ
- Part 1
  ✎ 語いに関する問題
- Part 2
  ✎ 熟語に関する問題
- Part 3
  ✎ 文法に関する問題

4th Grade

短文の語句空所補充

解答のコツ

実際の試験では、この形式の問題は15問出題されます。この15問は毎回おおよそ次のような3分野により構成されています。

　第1分野　品詞別の単語力を試す
　第2分野　熟語の知識を試す
　第3分野　文法の知識を試す

分野別の主な出題傾向から、次のポイントを押さえておくことをおすすめします。

Point 1　名詞は前置詞とセットにして覚えよう

第1分野 —— 品詞別の単語力を試す

〈例題1〉（　）に入れるのに最も適切なものを選びなさい。
My cousin Steve lives on a (　) with his family. There are lots of cows, pigs, and chickens there.
　1. season　**2.** poem　**3.** handle　**4.** farm　　　（正解　**4**）

【訳】私のいとこのスティーブは、家族といっしょに農場で暮らしています。そこには牛、豚、鶏がたくさんいます。

【解説】正解を見つける方法は2つあります。一つは、on a (　)のカッコの中には**1.～4.**の中からは farm しか選べないという英語表現の知識による方法です。もう一つはあとの文章の内容、つまり〈文脈〉によるものです。farm「農場」の意味がわかっていれば、あとの方法が有効です。

farm「農場」と覚えることからもう一歩進んで、on a farm「農場で」のように、前置詞とセットにして覚えておくと、英語力が何倍にもなります。なぜなら、work / live on a farm「農場で働く/農場で暮らす」のようにほかの言葉といっしょに使えるようになるからです。曜日や月の名前も on Saturday「土曜日に」、in December「12月に」のようにセットにして覚えると応用範囲が広がります。

Point2 熟語は例文といっしょに覚えよう

第2分野 ── 熟語の知識を試す

〈例題2〉（　）に入れるのに最も適切なものを選びなさい。
　　It's dark in here. Someone, please turn（　）the lights.
　　1．on　　　2．by　　　3．through　　　4．full　　（正解　1）

【訳】ここは暗いね。だれか明かりをつけてよ。
【解説】まず turn on / off「明かりをつける / 消す」という熟語を正確に覚えている必要があります。そうすれば It's dark…「暗い」という状況から turn on the lights「明かりをつける」必要があるという文章になると判断できます。

　turn on ～「～をつける」という覚え方よりも、The typhoon is coming. Please turn on the radio.「台風が来ている。ラジオをつけてください」という例文で覚えたほうが生活と連動して覚えられ、忘れにくいものです。バスに乗る時には、I get on the bus.「ぼくはバスに乗ります」と英語でつぶやきながら乗り込めば、get on ～という表現をあっという間に覚えられるでしょう。例文として使いながら覚えるのが英語学習の原則です。

Point3 疑問文の形をbe動詞と一般動詞に分けて理解しよう

第3分野 ── 文法の知識を試す

〈例題3〉（　）に入れるのに最も適切なものを選びなさい。
　　A：（　）your brother like music ?
　　B：Yes. He has lots of CDs.
　　1．Are　　2．Am　　3．Do　　4．Does　　（正解　4）

【訳】A：君の兄（弟）さんは音楽が好きなの？
　　　B：うん。CDをたくさん持っているよ。
【解説】主語が your brother の〈三人称、単数、現在〉の疑問文なので Does ～ ? となります。基本的な文法の知識を試す問題の多くは、動詞の時制または主語による変化を問うものです。疑問文の作り方に慣れておき、また動詞の過去形を覚えておくと役に立ちます。

　文法問題の約半分は、疑問文の作り方についての出題です。be 動詞の場合はそのまま主語の前に出し、一般動詞の場合には、do・does・did を主語の前に出して疑問文を作るという、基本的な操作に慣れておいてください。

Part ① 語いに関する問題　名詞

次の（　）に入れるのに最も適切なものを1、2、3、4の中から一つずつ選びなさい。

(1) It's a fine day today. There is not a (　) in the sky.
1. cloud
2. earth
3. month
4. season

(2) A : We're at the top of the (　) at last. We did it !
B : This is a great view !
1. lake
2. pool
3. plane
4. mountain

(3) They are going to build an iron (　) over the river.
1. bridge
2. stadium
3. home
4. sea

(4) When I touched the snail, it went back into its (　).
1. socks
2. science
3. shell
4. color

(5) She has a toothache. But she doesn't like to go to the (　).
1. dentist
2. hotel
3. supermarket
4. police

(6) My older sister has some kind of fruit for (　) every morning.
1. dish
2. dinner
3. supper
4. breakfast

10

目標タイム 1問あたり **15秒**

✏ Point
文章と表現を声に出して覚えながら語い力をつけよう

| 解説 | 解答 |

(1)【訳】今日は晴天だ。空には雲一つない。
【解説】fine「晴れの」。It's fine. ともいうが、It's a fine day. とすることが多い。no cloud ではなく not a cloud とすると「雲が一つもない（意外だ・すばらしい）」という気持ちが出る。 **1**

(2)【訳】A：とうとう山の頂上に着いた。やった〜！
　　　　B：すばらしい景色だ！
【解説】at the top of 〜「〜の頂上に」。at last「とうとう・最後には」。We did it! は何かをなしとげた時に使い、did を強く発音する。 **4**

(3)【訳】彼らはその川に鉄橋をかけるつもりだ。
【解説】an iron bridge「鉄橋」。a wooden / suspension bridge「木の橋／つり橋」。over 〜「〜の上に」。be going to 〜「〜をするつもりである・〜しようとしている」。 **1**

(4)【訳】そのかたつむりに触ったら、からの中に引っ込んだ。
【解説】ここでは its = the snail's「そのかたつむりの」。touch「触る」。go back「戻る」。went は go の過去形。1. socks は sock「くつした」の複数形。両足分そろって役に立つので、複数形で使うのが一般的。 **3**

(5)【訳】彼女は歯が痛いんだ。だけど歯医者には行きたくないんだ。
【解説】dentist「歯医者」。dent「歯」、-ist は「人」を意味する。scientist「科学者」、pianist「ピアニスト」。ache「痛み」。headache「頭痛」、backache「背中の痛み」。 **1**

(6)【訳】姉は毎朝、朝食に何種類かの果物を食べる。
【解説】breakfast「朝食」の fast は「絶食」の意。2. dinner「夕食」から朝食までの間を「絶食」とみなして、fast を break「破る・やめる」して食べるのが breakfast。 **4**

第1章　短文の語句空所補充

語いに関する問題　名詞

(7) He is Kate's (　　). His father and her father are brothers.
1. uncle　　　　　2. aunt
3. cousin　　　　4. sister

(8) I left a (　　) for Jiro with his mother yesterday.
1. rest　　　　　2. phone
3. message　　　4. word

(9) In the (　　) we can see many jet planes.
1. station　　　　2. airport
3. post office　　4. information

(10) I want to grow vegetables on a (　　) in the future.
1. farm　　　　　2. house
3. answer　　　　4. room

(11) The book will give you some (　　) of life in India.
1. idea　　　　　2. box
3. farm　　　　　4. meat

(12) A : What's the (　　) ?
　　 B : I have a sore throat.
1. date　　　　　2. problem
3. room　　　　　4. ground

(13) Last summer we went fishing and swimming in the (　　).
1. cloud　　　　　2. lake
3. hill　　　　　　4. sky

解説　　　　　　　　　　　　　　　　　　　　　　　　　解答

(7)　【訳】彼はケイトのいとこだ。彼のお父さんと彼女のお父さんは、兄弟だ。
　　【解説】親が兄弟の関係であれば、その子どもは cousin「いとこ」の関係になる。1. uncle「おじさん」、2. aunt「おばさん」。　　　　　3

(8)　【訳】昨日、ジロウあての伝言を彼のお母さんに預けた。
　　【解説】left は leave の過去形。leave a message for A with B「Aへの伝言をBに頼む」。　　　　　3

(9)　【訳】空港では、たくさんのジェット機を見ることができる。
　　【解説】many jet planes を見ることができるのだから 2. が正解。airport「空港」。port「港」。seaport「(大型船が停泊できる)港」。harbor「(自然の地形をそのまま利用した、比較的小規模な)港」。　　　　　2

(10)【訳】私は将来、農場で野菜の栽培をしたい。
　　【解説】on a farm「農場で」。want to ～は実現の可能性や意志の強い場合に使うのに対し、wish to ～はそうでない場合に使う。in the future「将来は」。　　　　　1

(11)【訳】この本を読めば、インドの生活のことが少しわかると思う。
　　【解説】idea「考え」。give A some idea of life「Aに生活についてのいくらかの考えを与える」つまり「Aが生活について少しわかるようになる」。　　　　　1

(12)【訳】A：どうされたんですか。
　　　　　B：のどが痛いんです。
　　【解説】医者が患者を診察する時のやり取り。What's wrong / the matter with you? と様子をたずねることもある。　　　　　2

(13)【訳】去年の夏私たちは、その湖につりと水泳に行った。
　　【解説】lake「湖」。a dry / frozen lake「干上がった／凍結した湖」。go ～ing「～しに出かける」。go camping「キャンプに出かける」。　　　　　2

語いに関する問題 　名詞

(14) He always remembers my (　) and gives me a gift.
  1. month　　　　　　　2. birthday
  3. plane　　　　　　　4. sport

(15) My uncle bought me an English-Japanese (　) last week.
  1. dictionary　　　　　2. music
  3. library　　　　　　4. kitchen

(16) All the people in the (　) wish for peace and happiness.
  1. world　　　　　　　2. sound
  3. box　　　　　　　　4. magazine

(17) Let's go to the (　). We must practice basketball to win the next game.
  1. station　　　　　　2. sport
  3. gym　　　　　　　　4. sea

(18) It stopped raining. You may shut your (　).
  1. mirror　　　　　　2. umbrella
  3. lunch　　　　　　　4. dictionary

(19) He can't throw a ball because he broke his right (　).
  1. leg　　　　　　　　2. arm
  3. head　　　　　　　4. foot

(20) I'll take your pictures. Face the (　) and smile, please.
  1. camera　　　　　　2. tape recorder
  3. museum　　　　　　4. TV

解説

(14) 【訳】彼は私の誕生日をいつも覚えていてくれて、私に贈り物をくれる。
【解説】birth「誕生」。give birth to ～「～を生む」。Paris gave birth to many great artists.「パリは多くの偉大な芸術家を生み出した」。　**2**

(15) 【訳】おじさんは先週、ぼくに英和辞典を買ってくれた。
【解説】English-Japanese は「英語に日本語の訳と注をつけた」の意。Japanese-English dictionary「和英辞典」。buy A (人) B (物)「AにBを買って与える」。bought は buy の過去形。　**1**

(16) 【訳】世界中の人はみな、平和と幸福を願っている。
【解説】people が主語で wish が動詞。in the world「世界中で」。wish for ～「～を願う」。peace「平和」↔ war「戦争」。peace や happiness といった抽象的なものを表す名詞には、the や a などの冠詞はつかない。　**1**

(17) 【訳】体育館へ行こう。次の試合に勝つためにバスケットボールの練習をしなければ。
【解説】スポーツの練習をする場所は gym (または gymnasium)「体育館」。practice ～は「～を練習する」。practice judo「柔道を練習する」。　**3**

(18) 【訳】雨はやんだよ。かさをたたんでもいいよ。
【解説】shut「閉める・たたむ (閉じる)」。Shut your mouth.「口を閉じなさい・黙れ」。may ～「～してよい」。雨がやんで shut するのだから、umbrella が正解。stop ～ ing「～することをやめる」。　**2**

(19) 【訳】彼は右腕を骨折したので、ボールを投げられない。
【解説】arm「腕」。体のその他の部分は、3. head「頭」、neck「首」、hand「手」、knee「ひざ」、shoulder「肩」、4. foot「足」など。broke は break の過去形。　**2**

(20) 【訳】皆さんの写真をとります。カメラに向かって、にっこりしてください。
【解説】face ～「～に顔を向ける・～に直面する」。face a difficult problem「難しい問題に直面する」。take a picture「写真をとる」。　**1**

語いに関する問題　名詞

(21) We lost our way while on a hike, so we looked at a (　　).
1. word
2. drink
3. phone
4. map

(22) He is practicing English conversation for the (　　) to Hawaii.
1. trip
2. picnic
3. world
4. class

(23) She likes to read books for children. So her dream is to open a small (　　) for children.
1. library
2. bridge
3. earth
4. moon

(24) My grandfather often tells me old Japanese (　　) before I go to sleep.
1. coins
2. buildings
3. stories
4. songs

(25) My sister is preparing a lunch box in the (　　).
1. kitchen
2. living room
3. airport
4. moment

(26) This new computer is my father's. It's not (　　).
1. mine
2. she
3. my
4. I

(27) Next Sunday we'll have a guest. Please mark the (　　) not to forget that.
1. bus stop
2. radio
3. calendar
4. meal

解説

(21) 【訳】ハイキングで道に迷ってしまったので、地図を見た。
【解説】map「(1枚ずつになった)地図」。lose ~「~を失う」。lose our way「道に迷う」↔ find our way「道を見つける」。We found our way through the forest.「私たちは森を抜け出た」。so「だから・それで」。 **4**

(22) 【訳】彼はハワイへ旅行するために、英会話の勉強をしている。
【解説】for the trip「その旅行のために」。be ~ ing「~している」。travel は比較的長い旅を、tour は観光・視察のための旅を、trip はアメリカでは一般的な語だが、イギリスでは特に短い旅行を示す。 **1**

(23) 【訳】彼女は、子どもたちに本を読んでやるのが好きだ。だから彼女の夢は、子どもたちのための小さな図書館を開くことだ。
【解説】library「図書館・書斎」。a public library「公立図書館」。like to ~「~することが好き」。to open「開くこと」。 **1**

(24) 【訳】ぼくのおじいさんは、ぼくが寝る前によく日本の昔話を話してくれる。
【解説】tell a story「物語を語る」。go to bed「床につく」。go to sleep「眠りに入る」。sleep「眠る」↔ wake「目が覚める・起きる」。 **3**

(25) 【訳】姉(妹)は今、台所でお弁当を作っている。
【解説】kitchen「キッチン・台所」。a dining room「食堂」、a living room「居間」。lunch「昼食・弁当」。prepare a lunch box「弁当箱を用意する」つまり「お弁当を作る」の意。 **1**

(26) 【訳】この新しいコンピュータは父のものだ。ぼくのものではない。
【解説】ここでは my father's = my father's computer、mine = my computer。その他の所有代名詞：hers「彼女のもの」、his「彼のもの」、theirs「彼らのもの」、ours「私たちのもの」、yours「あなた(たち)のもの」。 **1**

(27) 【訳】来週の日曜日にお客さんがある。忘れないようにカレンダーに印をつけてくれ。
【解説】mark ~「~に印をつける」。guest「お客様・ゲスト」。forget ~「~を忘れる」↔ remember ~「~を覚えている・~を思い出す」。 **3**

語いに関する問題 動詞

(1) I ( ) a headache, so I will be absent from school today.
1. have
2. feel
3. catch
4. lose

(2) Because of the earthquake, the valuable vase ( ) to pieces.
1. fell
2. broke
3. made
4. found

(3) A farmer's day ( ) very early in the morning before the sun rises.
1. begins
2. sees
3. runs
4. knows

(4) A : John is taking a shower now.
B : That's all right. I'll ( ) him again later.
1. call
2. help
3. show
4. give

(5) After she ( ) hard for a while, she told me the reason.
1. threw
2. sent
3. cried
4. gave

(6) When they became old, they ( ) into the country.
1. grew
2. wrote
3. said
4. moved

(7) My friend Tom ( ) to me last week.
1. wanted
2. ate
3. wrote
4. needed

解説

(1) 【訳】頭が痛いので、今日は学校を休むつもりだ。
【解説】have a headache / backache「頭 / 背中が痛い」。pain in the neck「首が痛い」。feel sick「気分が悪い」。catch cold「かぜをひく」。修飾語があるときは、a がつく。catch a bad cold「ひどいかぜをひく」。

解答 1

(2) 【訳】その地震のせいで、大切な花びんが粉ごなに壊れた。
【解説】broke は break の過去形。break to pieces「バラバラに壊れる」。because of 〜「〜(名詞)のせいで・〜という理由で」。earthquake「地震」、quake「揺れ」。

解答 2

(3) 【訳】農家の人の一日は日の出前の早朝に始まる。
【解説】begin「始まる」。early「(時間的に)早く」。before 〜「(時間的に)〜の前に」↔ after 〜「〜のあとで」。rise「昇る」↔ set「沈む」。The sun is setting.「日は沈みつつある」。

解答 1

(4) 【訳】A：ジョンは今、シャワーを浴びているよ。
B：わかりました。あとでかけ直します。
【解説】call「電話する(= telephone)」。call again「電話をかけ直す」。電話をもらった人が言う場合は、call backとする。later「あとで」。

解答 1

(5) 【訳】彼女はしばらく激しく泣いたあと、その理由を私に話した。
【解説】cry「大声をあげて泣く」。for a while「しばらくの間」。tell A(人) B(事)で「AにBを話す」、tell B(事) to A(人)としてもよい。

解答 3

(6) 【訳】彼らは年を取ると、田舎に引っ越した。
【解説】move「動く・移動する」。into 〜「〜の中へ」の意で動きを表す。the country「田舎」は必ず the をつけることに注意。became は become の過去形。

解答 4

(7) 【訳】先週、ぼくの友だちのトムが手紙をくれた。
【解説】wrote は write「書く」の過去形。write to 〜「〜に手紙を書く」。2. ate は eat「食べる」の過去形。

解答 3

第1章 短文の語句空所補充

語いに関する問題　動詞

(8) The group ( ) east and crossed the border into the desert.
1. cried
2. turned
3. thought
4. brought

(9) I want to ( ) the track and field club when I become a high school student.
1. build
2. keep
3. join
4. get

3

(10) My brother was absent from school yesterday. He easily ( ) cold.
1. makes
2. catches
3. helps
4. feels

2

(11) We cannot ( ) for the summer vacation, because we are planning to go to Disney Land.
1. wait
2. answer
3. eat
4. take

(12) My little brother ( ) me to tell him an interesting story.
1. kept
2. said
3. took
4. asked

(13) We are going to ( ) at a hotel in Rome for two nights.
1. run
2. go
3. stay
4. travel

4

(14) I often see him, but I ( ) his name.
1. threw
2. got
3. forgot
4. loved

解説 | 解答

(8)【訳】その一団は向きを東に変えて、国境を越えて砂ばくに入った。
【解説】turn「向きを変える」。turn (to the) west / right「西へ/右へ曲がる(向きを変える)」。border「国境・境界」。desert「砂ばく・荒れ地」。sands「(小規模な)砂ばく・砂丘」。

2

(9)【訳】高校生になったら、陸上部に入りたい。
【解説】join ～「～に加わる」。すでに加入しているのならば、I belong to the basketball club.「バスケットボール部に入っている」とする。

3

(10)【訳】弟(兄)は昨日、学校を休んだ。彼はかぜをひきやすいんだ。
【解説】catch「つかまえる・(かぜなどに)かかる」。Paper catches fire easily.「紙は火がつきやすい」のようにも使う。be absent from ～「～を欠席する」。

2

(11)【訳】私たちは夏休みが待ち切れない。ディズニーランドに行く予定だからだ。
【解説】wait for ～「～を待つ」。cannot wait「待てない・待ち切れない(ほど楽しみ)」。vacation「(主に長期の)休暇」。

1

(12)【訳】私の幼い弟は、おもしろい話をしてくれるように私に頼んだ。
【解説】ask A to ～「Aに～するように頼む」。tell a story「物語を語る」。

4

(13)【訳】私たちは、ローマのホテルに２泊するつもりだ。
【解説】stay at ～「～に滞在する」。個人の家に泊まる時は with を使う。stay with our aunt「おばさんのところに滞在する」。

3

(14)【訳】私は彼をよく見かけるが、名前を忘れてしまった。
【解説】forgot は forget「忘れる」の過去形。1. threw は throw「投げる」の過去形。

3

語いに関する問題　動詞

(15) Let's (　) outside the hall and wait until the party begins.
1. drive
2. meet
3. make
4. ask

(16) If you (　) any questions, please raise your hand.
1. buy
2. cook
3. call
4. have

(17) The moment she heard the news, she (　) to cry.
1. began
2. lost
3. caught
4. sent

(18) It (　) half a year to finish this English course.
1. spends
2. gives
3. takes
4. tells

(19) They (　) their daughter Betty after their grandmother.
1. named
2. bought
3. got
4. were

(20) We all went to Tokyo station to (　) our uncle from Akita.
1. know
2. meet
3. look
4. tell

(21) It may rain at any moment. Will you (　) the window ?
1. open
2. close
3. help
4. build

22

解説

(15) 【訳】ホールの外で会って、パーティーが始まるまで待とう。
【解説】meet「会う・待ち合わせをする」。outside ~「~の外で」↔ inside ~「~の内で」。wait「待つ」。I'm waiting for his letter.「彼の手紙を(今か今かと)待っている」。until ~「~まで」。

解答 **2**

(16) 【訳】もしも質問があったら手を上げてください。
【解説】if ~「もし~ならば」。have a question「質問がある」。some は疑問文中では any の形で使われる。raise ~「~を上げる」。ask / answer a question「質問する / 質問に答える」。

解答 **4**

(17) 【訳】その知らせを聞いたとたん、彼女は泣き始めた。
【解説】began は begin の過去形。begin to ~「~し始める」。the moment ~「~するとすぐに・~したとたん (= as soon as ~)」。2. lost、3. caught はそれぞれ lose「失う」、catch「つかまえる」の過去形。

解答 **1**

(18) 【訳】この英語のコースを修了するには、半年かかります。
【解説】it takes A to ~「~するのに A (時間・労力)がかかる」。It takes thirty minutes from here to his school by taxi.「ここから彼の学校までタクシーで 30 分かかる」。

解答 **3**

(19) 【訳】彼らはおばあさんにちなんで、娘をベティーと名づけた。
【解説】name には「名前」(名詞)だけではなく、「名前をつける」(動詞)の意味もある。name A after B「B にちなんで A と名前をつける」。この場合の after は「~をまねて」の意。

解答 **1**

(20) 【訳】私たちはみんなで、秋田から上京してくるおじさんを迎えるために、東京駅へ行った。
【解説】ここでは to meet は「会う・出迎えるために」の意。we all「私たちはみんな」。went は go の過去形。

解答 **2**

(21) 【訳】いつ雨が降るかわからない。窓を閉めてくれないか。
【解説】Will you ~?「~してくれませんか」。close「閉める」(↔ open「開ける」)。it は天候を表す時に使う。It will snow soon.「もうじき雪になるよ」。may「~かもしれない」。at any moment「いつなん時・今にも」。

解答 **2**

第1章 短文の語句空所補充

語いに関する問題 　動詞

(22) Will you (　) me your bicycle tomorrow ?
1. want　　　　2. help
3. lend　　　　4. make

(23) Do you (　) notebooks in this store ?
1. keep　　　　2. believe
3. tell　　　　4. become

よく出る
(24) I was in a hurry, so I (　) a short cut to school.
1. spend　　　　2. made
3. took　　　　4. gave

(25) She went to the kitchen and soon (　) with a pot of coffee.
1. bought　　　　2. showed
3. returned　　　　4. felt

(26) At the last moment in the soccer game, John (　) a good ball to me.
1. told　　　　2. helped
3. took　　　　4. passed

よく出る
(27) My daughter (　) learning the piano last year.
1. lent　　　　2. went
3. grew　　　　4. started

(28) As soon as I come home, I (　) a bath.
1. put　　　　2. take
3. hold　　　　4. go

| 解説 | 解答 |

(22)【訳】明日あなたの自転車を、私に貸してもらえませんか。
【解説】lend A (人) B (物)「A に B を貸す」(lend B to A としてもよい)。lend「貸す」↔ borrow「借りる」。I borrowed a novel from Mike.「マイクから小説を借りた」。　**3**

(23)【訳】このお店にはノートを置いていますか。
【解説】keep ～には「～を持つ・保つ」の意味がある。ここでは「～を(商品として)置いている」。その他の使い方：keep a rabbit in a box「箱の中でうさぎを飼う」。keep meat by drying it「肉を乾燥させ保存する」。　**1**

(24)【訳】急いでいたので学校への近道を通った。
【解説】took は take の過去形。cut「抜け道」。take a short cut「近道を行く」。a cut through the forest「森の抜け道」。in a hurry「急いで・あわてて」。　**3**

(25)【訳】彼女は台所へ行って間もなく、ポットに入れたコーヒーを持ってもどってきた。
【解説】return「もどってくる(= come back)」。with ～「～を持って」。a pot of tea「ポット1杯の紅茶」。　**3**

(26)【訳】そのサッカーの試合の最後の瞬間に、ジョンはぼくにいいボールをパスした。
【解説】pass「送る・渡す」。Pass me the salt, please.「(食事中に)塩を私に回していただけますか」。　**4**

(27)【訳】私の娘は、去年ピアノを習い始めた。
【解説】start ～ ing「～を始める(そして続けていることもほのめかす)」。演奏する楽器名には the をつけて、play the guitar / the violin「ギター / バイオリンを弾く」というようにする。　**4**

(28)【訳】私は家に帰ると、すぐに風呂に入る。
【解説】take a bath「風呂に入る」。take a shower / a walk / a nap「シャワーを浴びる / 散歩する / 居眠りする」。　**2**

語いに関する問題　形容詞

(1) I want to eat dinner early this evening. I feel very (　　).
1. hungry　　　2. good
3. thirsty　　　4. full

(2) This department store is not (　　) today.
1. fast　　　2. open
3. slow　　　4. better

(3) There was (　　) snow on the mountain, so we couldn't go skiing.
1. much　　　2. many
3. little　　　4. lot

(4) John took the wrong train, so he was (　　) for school.
1. poor　　　2. late
3. happy　　　4. clean

(5) I'm in a hurry. I don't have (　　) time even for a slice of toast.
1. good　　　2. enough
3. wrong　　　4. long

(6) Don't play near the stream, because the water is very (　　).
1. deep　　　2. slow
3. shallow　　　4. hard

(7) This piece of land is 50 meters long and 20 meters (　　).
1. tall　　　2. high
3. short　　　4. wide

解説

(1) 【訳】今晩は早く夕食を食べたいな。すごく腹が減った。
【解説】hungry「空腹の」↔ full「満腹の」。feel hungry「空腹を感じる」。go hungry「空腹のままでいる」。The baby is hungry for love and care.「その赤ん坊は愛情といたわりにうえている」。

1

(2) 【訳】この百貨店は、今日はお休みだ。
【解説】open「開いた」↔ closed「閉じた」。この場合の open は動詞ではなく形容詞として使われている。Is this gym open on weekends?「この体育館は毎週末開いていますか」。

2

(3) 【訳】山にはほとんど雪がなかったので、スキーに行けなかった。
【解説】a little と a を前につけると、肯定的な使い方になり「少量の・少しはある」となる。much snow「たくさんの雪(= a lot of snow)」。

3

(4) 【訳】ジョンは電車を乗り間違えて、学校に遅刻した。
【解説】took は take の過去形。take ～「～に乗る」。wrong「間違った」。miss the train「電車に乗りそこなう」。late「遅れた」。be late for ～「～に遅れる」。

2

(5) 【訳】急いでいるんだ。1枚のトーストを食べる時間も十分にないよ。
【解説】enough A for ～「～に十分な A」。even ～「～でさえ」。a slice of ～「1枚の～」。a slice of pie / cake / bread / ham「パイ / ケーキ / パン / ハム 1切れ」。

2

(6) 【訳】水が深いから、その小川のそばで遊んではいけない。
【解説】deep「深い」↔ shallow「浅い」。walk in deep snow「深い雪の中を歩く」。stream「小川」は river より小さい川に使う。

1

(7) 【訳】この土地は、縦50メートル、横20メートルの広さだ。
【解説】long は「長さ(length)」を、wide は「幅(width)」を示す。ここでは long を in length、wide を in width と言いかえることもできる。

4

語いに関する問題 形容詞

(8) I'm ( ), but I cannot come to the party.
1. good
2. happy
3. sorry
4. glad

(9) Please give me a glass of water. I'm ( ).
1. angry
2. tired
3. sleepy
4. thirsty

(10) You may take as ( ) oranges as you want.
1. lot
2. many
3. much
4. little

(11) A : Alan, is your house near here ?
B : Yes. Go ( ) way and you'll get there in five minutes.
1. this
2. each
3. short
4. all

(12) On a rainy day there are ( ) children in this park.
1. little
2. much
3. great
4. few

(13) I didn't keep a promise to help Susan. So, she is very ( ).
1. happy
2. tired
3. angry
4. hungry

(14) I cannot give you any advice because your problem is too ( ) for me.
1. weak
2. strong
3. simple
4. difficult

解説

(8) 【訳】残念だが、そのパーティーには行けない。
【解説】sorry「残念な」。I'm sorry. にはほかに「ごめんなさい」の意味もある。come「来る」は相手の立場になって使っている。"Dan, breakfast's ready." "I'm coming."「ダン、朝ごはんの準備ができたわよ」「今行くよ」も同じ例。

解答 **3**

(9) 【訳】水を1杯ください。のどがかわいた。
【解説】thirsty「のどがかわいた」時に飲むものには a glass of lemonade / coke / iced tea / orange juice / soda「1杯のレモネード / コーラ / アイスティー / オレンジジュース(果汁100%) / ソーダ」などがある。

4

(10) 【訳】欲しいだけみかんを取っていいよ。
【解説】as many ~ as you want「君が欲しいだけ(多く)の~」。数を数えられないものの場合は many でなく **3.** much を使う。We kept as much water as we need.「必要なだけの水は確保した」。may「~してよい」。

2

(11) 【訳】A：アラン、君の家はこの近くかい。
B：そうだよ。こっちのほうへ行けば5分で着くよ。
【解説】this way「こちらのほうへ」。命令文＋and「そうすれば」。ここでは there = to my home。in five minutes「5分たてば」。

1

(12) 【訳】雨の日には、この公園にはほとんど子どもがいない。
【解説】few「ほとんどない」。a few ~ とすると肯定的な使い方で「少しの~」となる。a few players「数人のプレイヤー」。**1.** little や **2.** much は数えられない名詞の場合に使う。

4

(13) 【訳】ぼくはスーザンを手伝う約束を守らなかった。それで彼女はすごく怒っている。
【解説】angry「怒った」(名詞：anger)。get / become angry「怒る」。keep a promise「約束を守る」↔ break a promise「約束を破る」。

3

(14) 【訳】君の問題は私には難しすぎて、まったくアドバイスができない。
【解説】difficult「難しい」↔ easy「やさしい」。problem「問題・困ったこと」。too ~「~すぎる」。

4

第1章 短文の語句空所補充

語いに関する問題　副詞・前置詞

(1) In New York, (　) go out alone after nine at night.
1. never
2. often
3. always
4. very

(2) A : We have two cats at home. How many cats do you have ?
B : We have two cats, (　).
1. do
2. don't
3. too
4. also

(3) A : May I help you ?
B : I'm looking (　) books about architecture.
1. at
2. for
3. away
4. around

(4) She was very kind (　) me when I was in hospital.
1. to
2. of
3. from
4. by

(5) It was a holiday yesterday. I stayed (　) bed until noon.
1. within
2. for
3. with
4. in

(6) My father leaves (　) his office by car at seven every morning.
1. at
2. in
3. for
4. on

(7) (　) last examination week is over today.
1. In
2. For
3. At
4. After

> 解説

> 解答

第1章 短文の語句空所補充

(1) 【訳】ニューヨークでは、夜9時以降には決して一人で出かけてはいけない。
【解説】never ～「決して～しない」で強い禁止の意。alone「一人で」。lonely は「独りでさみしい」なので注意。ここでは nine = nine o'clock。

1

(2) 【訳】A：ぼくの家ではネコを2匹飼っているよ。君のところは何匹？
B：ぼくのところも2匹だよ。
【解説】～, too.「(文末に置いて)～もまた」。**4**. also「～もまた」を使えば We also have two cats. となる。at home「自宅で」。

3

(3) 【訳】A：ご注文をお聞きしましょうか。
B：建築についての本をさがしているんですが。
【解説】look for ～「～をさがす」。この場合の for は「～を求める」の意。architecture「建築(学)」。architect「建築家」。

2

(4) 【訳】彼女は私の入院中、私にとても親切にしてくれた。
【解説】be kind to A「Aに対して親切である」。when ～「～の時に」。be in hospital は「病院にいる」というよりもむしろ「入院している」という意味に使う。

1

(5) 【訳】昨日はお休みだった。昼までベッドにいた。
【解説】stay / be in bed「ベッドの中にいる・寝ている」。get into bed「ベッドに入る・寝る」。get out of bed「ベッドから出る・起きる」。until ～「～まで」。at noon「正午に」。

4

(6) 【訳】父は毎朝7時に、車で自分の事務所に出かける。
【解説】leave for ～「～に向かって出かける」。The train left Tokyo for Hakata on time.「その列車は時間通りに東京を出て博多に向かった」。

3

(7) 【訳】とうとうテスト週間は今日で終わりだ。
【解説】at last「とうとう・最後に(= finally)」。これに似た意味を持つ表現として、in the end・in the long run・after all・last of all がある。

3

31

語いに関する問題 　副詞・前置詞

(8) A : Do you like *rakugo* ?
B : Yes. I sometimes listen to it (　　) the radio.
1. on
2. in
3. at
4. from

(9) (　　) first, I thought he was a teen-ager. But he is twenty-five years old.
1. After
2. In
3. From
4. At

よく出る
(10) He was waiting (　　) me in front of my house.
1. on
2. after
3. for
4. to

(11) My family will go (　　) a day trip tomorrow.
1. to
2. with
3. along
4. on

(12) Thank you (　　) your call. See you soon.
1. at
2. for
3. with
4. in

(13) It's pretty warm today. It's getting warmer day (　　) day.
1. by
2. on
3. to
4. from

(14) Jane is absent (　　) school today because she feels ill.
1. from
2. after
3. of
4. away

解説

(8)【訳】A：あなた落語好き？
B：うん。時々ラジオで聴くよ。
【解説】on は手段・方法を示す。on the radio「ラジオで（= over the radio）」。on television「テレビで」（テレビの場合はふつう the television とはしない）。　　**1**

(9)【訳】初めのうちは、彼は10代だと思ったんだ。でも25歳だった。
【解説】at first「初めのうちは」。for the first time「初めて」。Last Sunday I went to a karaoke studio for the first time.「この前の日曜日に初めてカラオケに行った」。　　**4**

(10)【訳】彼は、私の家の前で私を待っていた。
【解説】wait for A「A を待つ」。Dinner is waiting for you.「食事の用意ができています」。Let's wait and see.「あせらずに様子を見ましょう」。in front of ～「（場所を示して）～の前で」。　　**3**

(11)【訳】明日、家族で日帰り旅行に出かける。
【解説】go on a hike / trip「ハイキング / 旅行に出かける」。go for a walk/swim/drive「散歩に / 泳ぎに / ドライブに行く」という言い方もある。　　**4**

(12)【訳】電話をくれてありがとう。またね。
【解説】Thank A for B.「B について A に感謝する」。your call は your telephone call のこと。Thank you for calling me.「私に電話をくれてありがとう」とも言う。　　**2**

(13)【訳】今日はかなり暖かい。日に日に暖かくなってくるね。
【解説】day by day「日ごとに・日に日に」。step by step「一歩一歩・少しずつ」。pretty「かなり・相当に」。比較級 warmer は進行形（is getting）とともに使って、だんだん warm の程度が高まることを示す。　　**1**

(14)【訳】ジェインは気分が悪いので、今日は学校を休んでいる。
【解説】be absent from ～「～を欠席している（= be / stay away from ～）」↔ be present at ～「～に出席している（= be at ～）」。She was present at the party.「彼女はそのパーティーに出席していた」。　　**1**

Part ② 熟語に関する問題 　動詞

次の（　）に入れるのに最も適切なものを1、2、3、4の中から一つずつ選びなさい。

(1) Nice to meet you, Mr.Fujii. Thank you for coming. Please (　) a seat.
1. have
2. receive
3. catch
4. give

(2) My family (　) for a drive to Mt. Fuji last weekend.
1. arrived
2. got
3. went
4. liked

(3) She (　) a lot of money on clothes every month.
1. spends
2. saves
3. gives
4. catches

(4) We (　) hide-and-seek in the shrine park last Sunday.
1. did
2. played
3. spoke
4. saw

(5) I (　) a good look at the national treasure.
1. put
2. caught
3. was
4. took

(6) We (　) on the bus for the art museum.
1. got
2. took
3. held
4. put

Point

熟語の部分を英語らしく気分よく読めれば君のもの

目標タイム 1問あたり 15秒

第1章 短文の語句空所補充

解説 | 解答

(1) 【訳】フジイさん、お会いできてうれしいです。おいでいただきありがとうございます。どうぞお座りください。
【解説】have / take a seat「座る」は sit down よりもていねいな言い方で、Please be seated.「席にお着きください」はかしこまった言い方。 … **1**

(2) 【訳】この前の週末に、家族で富士山にドライブに出かけた。
【解説】went は go の過去形。go for ~ は「(ちょっと気軽に)~に行く」ことを示す (P.33 (11) 参照)。 … **3**

(3) 【訳】彼女は毎月、洋服に多くのお金をかける。
【解説】spend A on B「BにAを費やす」。時間について言う時も使える。I spent much time on my home work.「私は自分の宿題に多くの時間をかけた」。spend ↔ save「節約する・貯金する」。 … **1**

(4) 【訳】私たちは、この前の日曜日に神社の公園でかくれんぼをした。
【解説】play hide-and-seek「かくれんぼをする」。hide「かくれる」、seek「さがす」。play war / school / house / tag「戦争ごっこ / 学校ごっこ / ままごと遊び / 鬼ごっこをする」。 … **2**

(5) 【訳】私はその国宝をじっくり見た。
【解説】took は take の過去形。take (または have / give) a look at ~「~を一目見る」。good「十分な」。take a close look at「近づいてじっと見る」。national「国の」、treasure「財宝・宝物」。 … **4**

(6) 【訳】私たちはその美術館行きのバスに乗った。
【解説】got は get の過去形。get on ~「~に乗る」↔ get off ~「~から降りる」。get off the horse「馬から降りる」。この場合の off は「離れる」の意。 … **1**

35

熟語に関する問題 動詞

(7) This hospital ( ) care of more than 200 patients at present.
1. makes
2. has
3. takes
4. does

(8) I found that some rocks ( ) like faces.
1. looked
2. went
3. took
4. saw

(9) A : Please ( ) off your shoes and put them here.
B : All right.
1. put
2. take
3. show
4. kick

(10) She couldn't see him because she ( ) cold yesterday.
1. liked
2. took
3. caught
4. lost

(11) A : Thank you for your call. I'm ( ) forward to meeting you.
B : See you soon. Good-bye.
1. looking
2. waiting
3. going
4. hearing

(12) A : I have some popular CDs. Do you want to ( ) to them ?
B : Yes, I do.
1. see
2. hear
3. listen
4. go

(13) The new English teacher likes to ( ) hands with us.
1. pull
2. make
3. have
4. shake

解説 | **解答**

(7) 【訳】この病院は、現在では200人以上の患者の世話をしている。
【解説】take care of ～「～の世話をする(= look after)」。more than ～「～以上」。patient「患者」。at present「現在は」↔ in the past「過去には」。 | **3**

(8) 【訳】いくつかの岩が顔のように見えることに気がついた。
【解説】look like ～「～のように見える」。smell / sound / taste like ～「～のようなにおい / 音 / 味がする」。Your idea sounds interesting.「(聞いてみると)君の考えはおもしろそうだ」。 | **1**

(9) 【訳】A：あなたのくつを脱いでここに置いてください。
B：わかりました。
【解説】take off ～「～を脱ぐ・取り去る」↔ put on ～「～を着る・身につける」。put off ～「～を延期する」。 | **2**

(10) 【訳】昨日彼女はかぜをひいたので、彼に会えなかった。
【解説】caught は catch の過去形。catch cold「かぜをひく」(P.19 (1) 参照)。have を使って、have a (bad) cold「(ひどい)かぜをひいている」とすることもできる。 | **3**

(11) 【訳】A：電話をありがとう。会えるのを楽しみにしているよ。
B：またね。さようなら。
【解説】look forward to ～「～を楽しみにする」。～には名詞または動名詞がくる。look forward to the festival「その祭りを楽しみにする」。 | **1**

(12) 【訳】A：人気のＣＤが何枚かあるんだ。これらを聴いてみたい？
B：はい。
【解説】listen to ～「～をじっと聴く」。listen は「積極的に聴く」ことを意味する。2. hear ～は「～が聞こえる」なので注意。CD = compact disc。 | **3**

(13) 【訳】新しい英語の先生は私たちと握手するのが好きだ。
【解説】shake hands with A「Aと握手する」。握手するには手が2つ必要なので、hands と複数にすることに注意。shake ～「～をふる・ゆする」。He shook his head.「彼は首を横にふった・いやだと言った」。 | **4**

熟語に関する問題　動詞

(14) I'm so tired and sleepy. I don't (　) like eating now.
1. fall
2. feel
3. look
4. live

(15) The doctor told my father to (　) up smoking.
1. give
2. look
3. hold
4. make

(16) A : Did you (　) from him ?
B : No. Maybe no news is good news.
1. write
2. call
3. hear
4. feel

(17) To (　) the truth, I have only $10 with me right now.
1. say
2. tell
3. make
4. give

(18) A : Please (　) hello to your family.
B : OK. I sure will.
1. speak
2. tell
3. cry
4. say

(19) I (　) friends with Jane at the dance party last night.
1. had
2. made
3. showed
4. saw

(20) This is our last chance. Let's (　) our best to get a goal.
1. make
2. break
3. go
4. do

解説

解答

(14)【訳】とても疲れて眠たいよ。今は食事する気にならない。
【解説】feel like ～「～したい気がする」。～には名詞または動詞のing形(動名詞)を使う。I feel like (taking) a break.「ちょっと休けいしたい気がする」。話し言葉では so ～で「ずいぶん～・とても～」と言うことが多い。

2

(15)【訳】医者は、父にたばこをやめるようにと言った。
【解説】give up ～「(残念ではあるが)～をあきらめる・やめる」。stop ～ ing も同様の意味だが「残念さ」は感じられない。told は tell の過去形。tell A to ～「Aに～するように言う・命じる」。

1

(16)【訳】A：彼から便りはあった？
　　　　B：いいえ。たぶん便りのないのがよい便りなんだよ。
【解説】hear from A「Aから便りをもらう(= receive a letter or a telephone call)」。maybe ～「～かもしれない・たぶん」。

3

(17)【訳】じつは、今は10ドルしか持っていないんだ。
【解説】to tell the truth「本当のことを言えば・じつは」。相手にとって意外なことを切り出す時に使う。＄10は ten dollars。with me は「ここに持っている」ことを示す。

2

(18)【訳】A：あなたのご家族のみなさんによろしくお伝えください。
　　　　B：わかりました。必ず伝えます。
【解説】say hello to A「Aにあいさつする」。この場合の hello は「あいさつ」の意。say a warm hello「温かみのあるあいさつをする」。

4

(19)【訳】私はゆうべのダンスパーティーでジェインと友だちになった。
【解説】make friends with A「Aと友だちになる」(make のかわりに become でもよい)。この場合は、相手が1人でも friends と必ず複数形にする。be friends with A「Aと親しい」。Let's be friends!「友だちになろうよ！」。

2

(20)【訳】これが最後のチャンスだ。全力を出して1点入れよう。
【解説】do / try one's best「最善を尽くす」。do は「実行する」ことを示す。a goal はサッカーの試合の1点。get / kick / make a goal「1点入れる」。

4

熟語に関する問題　動詞

(21) A : When will you (　　) at Osaka Station ?
　　 B : Around six, I hope.　I'll call you when I get there.
　　 1.　reach　　　　　　　2.　get
　　 3.　arrive　　　　　　　4.　go

(22) He is trying to (　　) up with his older brother.
　　 1.　catch　　　　　　　2.　call
　　 3.　hold　　　　　　　 4.　pick

(23) I (　　) to be at home when he came.
　　 1.　called　　　　　　　2.　went
　　 3.　happened　　　　　 4.　stayed

(24) He (　　) up his mind to work in Tokyo.
　　 1.　did　　　　　　　　2.　built
　　 3.　showed　　　　　　4.　made

(25) A : I will (　　) you up at the station on my way home.
　　 B : All right.　Thanks.
　　 1.　catch　　　　　　　2.　pick
　　 3.　put　　　　　　　　4.　keep

(26) It's raining hard.　Please (　　) on this raincoat.
　　 1.　put　　　　　　　　2.　go
　　 3.　come　　　　　　　4.　get

(27) John, I lost my favorite doll.　Please help me (　　) for it.
　　 1.　look　　　　　　　 2.　buy
　　 3.　play　　　　　　　 4.　watch

40

| 解説 | 解答 |

(21) 【訳】A：何時に大阪駅に着くの？
B：6時くらいだと思うよ。着いたら電話するね。
【解説】ここでは When = What time。arrive at ～「～に着く (= reach / get to)」。around「～ぐらいに・～ぐらいで (= about)」(話し言葉で使う)。

3

(22) 【訳】彼は彼の兄に追いつこうと努力している。
【解説】catch up with ～「～に追いつく」。catch「つかまえる・間に合う」。keep up with ～「～に遅れずについて行く」。

1

(23) 【訳】彼が来た時には、私は偶然家にいました。
【解説】happen to ～「偶然～する」。It happened that I was home when he came. とも言える。be at home「家にいる」↔ be out「外出している」。

3

(24) 【訳】彼は東京で働く決心をした。
【解説】make up ～は「～を作り上げる」の意だから make up one's mind は「～の心を作り上げる→決心する (= decide)」。change one's mind「考えを変える・心変わりする」。

4

(25) 【訳】A：帰りに君を駅でひろってあげるよ。
B：わかった。ありがとう。
【解説】pick up A「A をひろう・(車などで)迎えにいく」(A が I, you, he, she などの代名詞の場合は、問題文のように pick A up とする)。on my way home / to school「家に帰る / 学校へ行く途中で」。

2

(26) 【訳】雨がひどいですよ。どうぞこのレインコートを着てください。
【解説】put on ～「～を身につける」は動作を示す。それに対して wear ～「～を身につけている」は状態を示す。I always wear a hard hat while I work.「私は、仕事中いつもヘルメットをかぶっている」。

1

(27) 【訳】ジョン、私ね、自分の大好きな人形をなくしちゃったの。お願い、いっしょにさがして。
【解説】look for ～「～をさがす」。lost は lose「失う」の過去形。favorite「気に入っている・大好きな」。

1

熟語に関する問題 動詞

(28) Tom, this says "Wet Paint". Don't (　) down on the bench.
1. sit
2. throw
3. come
4. fall

(29) John (　) up in poverty, but now he is the richest man in this town.
1. grew
2. took
3. brought
4. got

(30) He (　) on the light, opened the book, and started to read.
1. stood
2. turned
3. understood
4. got

(31) I'm (　) about a Christmas present for my daughter. I wonder what she wants.
1. growing
2. bringing
3. having
4. thinking

(32) My son is very tall. He (　) up to my shoulders now.
1. goes
2. arrives
3. takes
4. comes

(33) We went to watch a high school baseball game. We (　) a good time there.
1. found
2. saw
3. had
4. moved

(34) Welcome, George. Please (　) in.
1. feel
2. come
3. do
4. use

解説

(28) 【訳】トム、「ペンキぬりたて」と書いてあるわよ。そのベンチに座っちゃだめよ。
【解説】sit on ～「～に座る」。2. throw「投げる」。say「～と書いてある」。wet「ぬれた・乾いていない」。↔ dry「乾いた」。 —— 1

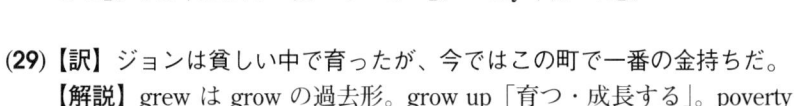

(29) 【訳】ジョンは貧しい中で育ったが、今ではこの町で一番の金持ちだ。
【解説】grew は grow の過去形。grow up「育つ・成長する」。poverty は poor の名詞形。in poverty「貧しい状態で」。richest は rich の最上級形。the richest ～「最も金持ちの～」。 —— 1

(30) 【訳】彼は電気をつけ、本を開き、そして読み始めた。
【解説】turn on「(電気製品、明かりなどを)つける・(ガス、水などを)出す」。on は「(電流、水が)通る」の意。off「閉じる・ふさがる」。Please turn off the water.「水道の水を止めてください」。 —— 2

(31) 【訳】娘のクリスマスプレゼントのことを考えているんだ。娘は何が欲しいのかな。
【解説】think about ～「～について(熱心に)考える」。think of ～「～について考える・思いつく」。wonder ～「～かしらと思う」。 —— 4

(32) 【訳】私の息子はとても背が高い。今は私の肩の高さまである。
【解説】come up to ～「～まで到達する」。The water came up to my waist.「水は私の腰の高さまで来た」。 —— 4

(33) 【訳】私たちは高校野球の試合を見にいって、楽しい時を過ごした。
【解説】have a good time「楽しむ(= enjoy)」。have an easy / a bad / a busy time「気楽に過ごす / ひどい目にあう / 忙しい」。watch ～「～をじっと見る」。2. saw は see「目に入る、見える」の過去形。look at ～「～を見ようと目を向ける」。 —— 3

(34) 【訳】やあ、ジョージ。どうぞ入って。
【解説】come in「入る」。↔ go out「出ていく」。Short skirts are coming in. / going out.「短いスカートが流行してきている / すたれてきている」のようにも使える。 —— 2

熟語に関する問題　形容詞

(1) Let me write down your name. Can I have a (　) of paper ?
1. glass
2. cup
3. piece
4. few

(2) The baby will be (　) to walk in a month or so.
1. full
2. able
3. short
4. interesting

(3) My father will get (　) if I don't keep that promise.
1. ready
2. lucky
3. angry
4. short

(4) He's (　) in movies. He often goes to movie theaters with his wife.
1. interested
2. interesting
3. laughing
4. funny

(5) Ken and I reached the mountaintop at the (　) time.
1. only
2. quick
3. equal
4. same

(6) We'll stay with our aunt for a (　) days.
1. little
2. few
3. lot
4. short

(7) Hiroshi is (　) at playing the guitar.
1. well
2. nice
3. good
4. rich

解説　　　　　　　　　　　　　　　　　　　　　解答

(1) 【訳】あなたの名前をメモさせてください。用紙を1枚いただけますか。
【解説】a piece of paper「1枚の紙(= a sheet of paper)」。paper は数えられない名詞なので、複数でも papers とはせず、two pieces of paper「2枚の紙」のように表す。write down ～「～を書き留める」。　　**3**

(2) 【訳】その赤ん坊は、1か月くらいたてば歩けるようになるだろう。
【解説】be able to ～「～ができる(= can)」。未来の意味を表す時には、will be able to の形にする。in a month or so「1か月、またはそのくらいたてば」。　　**2**

(3) 【訳】父は、私があの約束を守らないと怒るだろう。
【解説】if ～「もし～ならば」。get ready「準備をする」。get ready for the trip「旅行の準備をする」。keep / break a promise「約束を守る / 破る」。　　**3**

(4) 【訳】彼は映画に興味がある。奥さんとよく映画館に出かける。
【解説】be interested in ～「～に興味がある」。interest A「A の興味を引く」。Movies interest him.「映画は彼の興味を引く→彼は映画に興味がある」という言い方もできる。　　**1**

(5) 【訳】ケンと私は同時に山頂に着いた。
【解説】at the same time「同時に」。reach = get to / arrive at (または arrive in)だが、話し言葉としては get to が一般的。　　**4**

(6) 【訳】私たちは、おばさんのところに数日間滞在する。
【解説】a few「(数えられる名詞の前に置いて)いくつかの」。a little「(数えられない名詞の前に置いて)少量の」。I need a little sugar.「少し砂糖が必要だ」。(stay with に関して、P. 21 **(13)**参照)　　**2**

(7) 【訳】ヒロシはギターを弾くのが得意だ。
【解説】be good at ～「～が得意だ」。～は名詞または動名詞(ing 形)。be poor at ～「～が不得意だ」。He is poor at (playing) tennis.「彼はテニス(をすること)が不得意だ」。　　**3**

第1章　短文の語句空所補充

熟語に関する問題　形容詞

(8) Jane bought a (　) of shoes at a department store.
1. slice
2. piece
3. pair
4. cup

(9) Mark is (　) at mathematics and science.
1. well
2. happy
3. easy
4. poor

(10) Most of us are (　) of snakes.
1. glad
2. happy
3. afraid
4. difficult

(11) His hobby is reading, but mine is singing. His hobby is (　) from mine.
1. same
2. equal
3. different
4. wrong

(12) A: Hiroko got the second prize in the piano contest.
B: I'm (　) to hear that.
1. sorry
2. glad
3. good
4. well

(13) He is (　) to know that his wife had twin babies.
1. surprised
2. well
3. interesting
4. kind

(14) Ken and I went fishing. He caught as (　) fish as I did.
1. few
2. many
3. equal
4. same

解説 / 解答

(8) 【訳】ジェインは百貨店で靴を1足買った。
【解説】2つでひとそろいの物は a pair of を使って数える。a pair of glasses / gloves / trousers「めがね1本／手袋1組／ズボン1本」。bought は buy の過去形。　**3**

(9) 【訳】マークは数学と理科が不得意だ。
【解説】be poor at ～「～が不得意だ」。～には名詞か動名詞(ing 形)がくる（P.45 (7)参照）。mathematics「数学」は、math と略すこともある。science「科学・理科」。　**4**

(10) 【訳】たいていの人はへびを恐れる。
【解説】be afraid of～「～を恐れる・嫌がる」。～には名詞か動名詞がくる。He is afraid of losing his job.「彼は失業することを恐れている」。　**3**

(11) 【訳】彼の趣味は読書だが、私の趣味は歌を歌うことだ。彼の趣味は私の趣味と異なる。
【解説】A is different from B.「A は B と異なる」。different ↔ same「同じ」。His bicycle is the same as mine.「彼の自転車は私のと同じ型のものだ」。　**3**

(12) 【訳】A：ヒロコはピアノコンテストで2位になったよ。
　　　　B：それを聞いてうれしい（→それはよかったね）。
【解説】be glad to ～「～してうれしい」。↔ be sorry to ～「～して残念だ」。get / win the first prize「1位になる・優勝する」。　**2**

(13) 【訳】彼は、奥さんが双子を産んだと知って驚いている。
【解説】be surprised to ～「～して驚く」。be surprised at ～「～に驚く」。He is surprised at the news.「彼はその知らせに驚いている」。She is a twin.「彼女は双子(のうちの1人)です」。have a baby「子どもを産む」。　**1**

(14) 【訳】ケンと私はつりに行った。彼は私と同じ数の魚をつった。
【解説】as many A as B「B と同じ数の A」。did は caught をさす。caught は catch の過去形。数えられないものの場合は much を使う。He makes as much money as I do.「彼は私と同じくらいお金をかせぐ」。fish は複数形でも s はつけない。　**2**

熟語に関する問題　副詞・副詞句

(1) Hold on (　) a moment, please. I'll ask him about it.
 1. just　　　　　　　2. with
 3. while　　　　　　4. at

(2) This writer was busy working on his new novel (　) day long.
 1. every　　　　　　2. all
 3. each　　　　　　 4. some

(3) We walked a very long way (　) order to arrive at the destination.
 1. in　　　　　　　 2. at
 3. on　　　　　　　4. for

(4) All of these ties are good, but most of (　), I like the red one.
 1. every　　　　　　2. each
 3. all　　　　　　　4. enough

(5) It started to rain (　) at once, so we were all wet.
 1. some　　　　　　2. all
 3. every　　　　　　4. any

(6) Oh, (　) the way, can you do me a favor?
 1. make　　　　　　2. in
 3. by　　　　　　　4. for

(7) Can you go skating with me (　) time next week?
 1. just　　　　　　　2. same
 3. some　　　　　　4. only

	解答
(1) 【訳】ちょっと待ってください。彼にそのことについて聞いてみます。 【解説】just a moment「ほんの少しの間」。hold「ある状態を維持する」。hold on「(電話を)切らずにそのままでいる」。hang up「電話を切る」。The fine weather will hold for today.「今日は晴天が続くだろう」。	1
(2) 【訳】この作家は新しい小説を書くので一日中忙しかった。 【解説】all day long「一日中ずっと」。every day「毎日」。busy ~ing「~をするのに忙しい」。work on ~「~に取り組む」。	2
(3) 【訳】私たちは、目的地に着くためにとても長い道のりを歩いた。 【解説】in order to ~「~するために」。arrive at ~ / arrive in ~「~に到着する」(到着する場所が国や都市など広い場所の場合は in、建物や駅など狭い場合は at を使う)。	1
(4) 【訳】これらのネクタイは全部いいが、私は特に赤いのが気に入っている。 【解説】most of all「特に」。「すべて(all)の中で(of)最も(most)」の意。tie「結ぶ」の意味から「ネクタイ」をさす。	3
(5) 【訳】突然雨が降り出して、私たちはびしょぬれになった。 【解説】all at once「突然に(= suddenly)・一斉に」。at once「すぐに」。all は強調。The shower stopped all too soon.「夕立はあっけなくすぐにやんだ」。be all wet「びしょぬれになる」。	2
(6) 【訳】あっそうだ、ところで、ちょっとお願いしてもいいかな？ 【解説】by the way「(話題を変える時に)ところで」。favor「好意・願い」。May I ask you a favor ? / a favor of you? としても「お願いしてもいいですか？」となる。	3
(7) 【訳】来週のいつか、いっしょにスケートに行かない？ 【解説】some time「(将来の)いつか」。Can you ~ ?「~できますか・~してくれませんか」。go ~ ing「~に出かける」。go shopping「買い物に出かける」。	3

熟語に関する問題　副詞・副詞句

(8) Wataru wants to be a lawyer (　) the future.
1. to
2. by
3. for
4. in

(9) The ceremony will start at ten. Please come to the church as (　) as possible.
1. early
2. well
3. just
4. many

(10) We usually have lunch in the Japanese restaurant (　) there.
1. between
2. with
3. at
4. over

(11) (　) usual, he missed the train and was late for school.
1. On
2. In
3. As
4. When

(12) My mother will come back from her shopping (　) long.
1. until
2. at
3. for
4. before

(13) There is no difference (　) his idea and mine.
1. among
2. between
3. along
4. for

(14) Oil is seeping from the tank little (　) little.
1. on
2. after
3. by
4. to

解説

(8) 【訳】ワタルは将来、弁護士になりたいと思っている。
【解説】lawyer「弁護士・法律家」。law「法律」。in the future「将来は」(P. 37 (7)参照)。want to be ～「～になりたい」。　**4**

(9) 【訳】式典は10時に始まります。できるだけ早く教会に来てください。
【解説】as ～ as possible「できるだけ～に(の)」。Get up as early as possible.「できるだけ早く起きなさい」。We will collect as much money as possible.「できるだけ多くのお金を集めましょう」。　**1**

(10) 【訳】私たちは、たいていあそこの和食レストランで昼食を食べる。
【解説】over there「あそこに・あちらに」。over は「(ずっと)向こうの」の意。over here「こちらに・こちらのほうへ」。Hey, come over here. Look at this.「お～い。こっちに来てごらんよ。これ見てよ」。　**4**

(11) 【訳】いつものように、彼は電車に乗り遅れて学校に遅刻した。
【解説】usual「いつもの・通常の」。Business as Usual（お店の看板）「平常通りに営業中」。miss「しくじる・乗りそこなう」。be late for ～「～に遅れる」↔ be in time for ～「～に間に合う」。　**3**

(12) 【訳】間もなく母は買い物から帰ってくる。
【解説】before long「間もなく(= soon)」。long = a long time。before dark「暗くなる前に・日が暮れないうちに」↔ after dark「日が暮れてから」。　**4**

(13) 【訳】彼の考えと私の考えには違いはない。
【解説】between A and B「AとBの間には」。between は主に2つのものについて使い、3つ以上の場合は **1.** among を使う。a big house among the trees「木立の中の大きな家」。ここでは、mine = my idea。　**2**

(14) 【訳】少しずつタンクから油がもれている。
【解説】little は「少量」の意。little by little「少しずつ」。by は「～単位で」の意。step by step「一歩一歩」。one by one「一つずつ」(P. 33 (13)参照)。seep「もれる」。　**3**

51

熟語に関する問題 　副詞・副詞句

(15) She will have a test tomorrow. She will not watch TV (　) all tonight.
1. in
2. of
3. for
4. at

(16) The parents are for uniforms, but (　) the other hand the children are not.
1. in
2. after
3. on
4. with

(17) Once (　) a time there was a deep forest in the west.
1. of
2. for
3. between
4. upon

(18) My mother took the eggs one (　) one out of the basket.
1. by
2. with
3. to
4. at

(19) Every dictionary is out of (　) at the time of publication.
1. day
2. time
3. date
4. month

(20) My older brother goes to a calligraphy lesson (　) a week.
1. often
2. once
3. sometimes
4. two

(21) It's eleven o'clock, but my father is not home (　).
1. yet
2. already
3. all
4. most

解説 / 解答

(15) 【訳】彼女は明日試験だ。彼女は、今晩はＴＶを全く見ないつもりだ。
【解説】not ～ at all「全く～ない」。I don't need any help at all.「手助けは一切いりません」。"Thank you." "Not at all."「ありがとう」「どういたしまして(= You are welcome.)」。 — 4

(16) 【訳】親は制服に賛成だが、一方、子どもたちは賛成ではない。
【解説】on the other hand「(ある事がらと比較して)もう一方では」。for ～「～に賛成で」↔ against ～「～に反対で」。ここでは are not = are not for uniforms。 — 3

(17) 【訳】昔むかし、西のほうに深い森がありました。
【解説】once upon a time「昔むかしある時のこと」は昔話を始める時の決まった言い方。once は「昔ある時期に・以前」の意。We once lived in New York.「私たちは以前ニューヨークに住んでいた」。 — 4

(18) 【訳】母は、かごから卵を一つずつ取り出した。
【解説】one by one「一つずつ順に」。by は「～単位で」の意(P. 33 (13)、P. 51 (14)参照)。take ～「～を取り出す」out of ～「～から(外へ)」。 — 1

(19) 【訳】どんな辞書でも発行された時には、すでに時代おくれになっているものだ。
【解説】out of date「時代おくれの」↔ up to date「最新の」。out of ～「～からはずれて」。 — 3

(20) 【訳】兄は、週に１回書道教室に通っている。
【解説】once a week「週に１回」の a は「～につき」の意。once / twice a day 「１日に１回／２回」。３回以上は three / four times a week「週に３回／４回」とする。older「年上の」↔ younger「年下の」。 — 2

(21) 【訳】11時だが、父はまだ帰ってこない。
【解説】not ～ yet「まだ～でない」↔ already ～「すでに～である」。My mother is already home.「母はもうすでに帰宅している」。be home「家にいる (= be at home)」。 — 1

熟語に関する問題　　副詞・副詞句

(22) There's a drugstore in front (　　) my apartment, so it's easy to buy something.
1. of
2. at
3. for
4. up

(23) Dinner is ready. Come here at (　　).
1. all
2. good
3. once
4. then

(24) This baseball player is well-known all (　　) Japan.
1. along
2. under
3. with
4. over

(25) After I get home, first (　　) all, I'm going to take a shower.
1. of
2. among
3. to
4. in

(26) Paul and I helped (　　) other to make our dreams come true.
1. all
2. every
3. some
4. each

(27) My sister got angry and we didn't talk (　　) a while.
1. from
2. with
3. to
4. for

(28) My father likes traveling. (　　) example, he went to China last year.
1. For
2. At
3. From
4. By

解説 　　　　　　　　　　　　　　　　　　　　　　　　解答

(22) 【訳】私のアパートの前にドラッグストアがあるので、買い物は楽だ。
【解説】in front of ～「(場所が)～の前に」。an apartment は「1家族分の複数の部屋」。an apartment house は「集合住宅全体」をさす。アメリカのdrugstoreでは薬を含めた日用雑貨を売っている。　　1

(23) 【訳】夕食ができたわよ。すぐにいらっしゃ～い。
【解説】at once 「すぐに」。Right now.「今すぐに」。Be quick.「早くしなさい」。　　3

(24) 【訳】この野球選手は、日本中でよく知られている。
【解説】all over Japan「日本中で」。over「全面をおおって」。all は強調。well-known「よく知られた(= famous)」↔ little-known「ほとんど知られていない」。　　4

(25) 【訳】家に帰ったらまず、シャワーを浴びよう。
【解説】first of all「すべての中で一番に・最初に」(P.49 **(4)** 参照)。last of all「最後に」。best of all「最もよいことには」。take a shower / a bath「シャワーを浴びる / 風呂に入る」。　　1

(26) 【訳】ポールと私は私たちの夢を実現するため、互いに助け合った。
【解説】each other 「お互いに(= one another)」。talk to / smile at each other 「話し合う / ほほえみ合う」。come true「実現する・その通りになる」。make one's dream come true「夢を実現させる」。　　4

(27) 【訳】姉(妹)は怒って、私たちはしばらく口をきかなかった。
【解説】for a while「しばらくの間(= for a short time)」。talk to A / with A「Aに話しかける / Aと話をする」。　　4

(28) 【訳】父は旅行がたいへん好きだ。例えば昨年、彼は中国に行った。
【解説】example「実例」。for example「例えば(= for instance)」。like ～ing「～することが好き」。　　1

Part ③ 文法に関する問題 不定詞・動名詞

次の（　）に入れるのに最も適切なものを1、2、3、4の中から一つずつ選びなさい。

(1) John went to the park with his children (　　) their pictures.
1. takes
2. took
3. to take
4. to taking

(2) I hurried to the airport (　　) goodbye to Jack.
1. to say
2. say
3. saying
4. said

(3) In some countries people walk more than five miles (　　) some water.
1. to get
2. to getting
3. gets
4. got

(4) I want (　　) a professional singer one day.
1. being
2. to be
3. am
4. will

(5) (　　) the guitar is a lot of fun for him.
1. Play
2. Plays
3. Playing
4. Played

(6) Jack and Jane enjoyed (　　) badminton after school.
1. to play
2. plays
3. played
4. playing

目標タイム 1問あたり 15秒

◆Point

解説はていねいに読み、納得したら問題を丸暗記しよう

解説　　　　　　　　　　　　　　　　　　　　　　　　　　解答

(1) 【訳】ジョンは子どもたちの写真をとるため、子どもたちといっしょに公園に行った。
【解説】to take pictures「写真をとるために」で、目的を表す to ＋動詞（to 不定詞と呼ぶ）。in order to ～とすると意味がはっきりするが、話し言葉では使わない。　　　**3**

(2) 【訳】私は、ジャックにさようならを言うために、空港へ急いだ。
【解説】to say goodbye「お別れを言うために」は目的を表す to 不定詞の例。hurried は hurry「急ぐ」の過去形。　　　**1**

(3) 【訳】いくつかの国では、人びとは水を得るために 5 マイル以上も歩く。
【解説】to＋get (原形)～で「～を得るために」という意味の、目的を表す to 不定詞。1 マイルは約 1.6 km。some は water のように数えられない名詞の前にも、数えられる名詞の前にも両方使える。　　　**1**

(4) 【訳】私はいつかプロの歌手になりたい。
【解説】want ～「～を欲する・望む」。to be a singer「歌手になること」(to 不定詞の名詞用法)。want to be a singer「歌手になることを望む」。one day「いつの日にか」。　　　**2**

(5) 【訳】ギターを弾くのは、彼にとって大きな楽しみだ。
【解説】playing the guitar「ギターを弾くこと」と、動詞に ing をつけて「～すること」(動名詞) の意味になる。a lot of または lots of で「たくさんの」の意味（many や much よりもくだけた言い方になる）。　　　**3**

(6) 【訳】ジャックとジェインは、放課後にバドミントンを楽しんだ。
【解説】enjoy ～ ing「～することを楽しむ」。playing は動詞に ing をつけた動名詞。enjoy は名詞、または動名詞を目的語とする。enjoy the concert「演奏会を楽しむ」。enjoy oneself「楽しく過ごす」。　　　**4**

文法に関する問題　不定詞・動名詞

(7) I can't play with you, because I have many things (　) this week.
　　1. did　　　　　　　　2. does
　　3. to do　　　　　　　4. do

(8) Don't be afraid of (　) questions if you want to learn as fast as you can.
　　1. ask　　　　　　　　2. asking
　　3. to ask　　　　　　　4. asked

(9) We are looking forward to (　) our aunt from Texas.
　　1. meet　　　　　　　　2. meets
　　3. meeting　　　　　　　4. met

(10) I like (　) books on the history of Japan.
　　1. reading　　　　　　　2. read
　　3. reads　　　　　　　　4. to reading

(11) I'm fond of (　) model planes.
　　1. to make　　　　　　　2. making
　　3. makes　　　　　　　　4. made

(12) How about (　) another game of tennis ?
　　1. play　　　　　　　　2. plays
　　3. to play　　　　　　　4. playing

(13) Jane is interested in (　) stories for children.
　　1. to write　　　　　　　2. writing
　　3. wrote　　　　　　　　4. writes

解説

(7) 【訳】今週はするべきことがたくさんあるので、君と遊ぶことができない。
【解説】many things to do「するべきたくさんのことがら」。to do「するべき」は many things を説明する形容詞用法の to 不定詞。something to eat / drink「食べるもの / 飲むもの」。

3

(8) 【訳】できるだけ早く習得したいなら、質問することを怖がってはいけない。
【解説】be afraid of ～「～を怖がる」。～は名詞または動名詞。asking「たずねること」は動名詞。as fast as A can「A ができるだけ早く」。

2

(9) 【訳】私たちはテキサスのおばさんに会えるのを楽しみにしている。
【解説】look forward to ～「～を楽しみにする」。～は名詞または動名詞。be looking forward to ～で「～を楽しみにしている」と現在進行形になる。I'm looking forward to the summer vacation.「夏休みを楽しみにしている」。

3

(10) 【訳】私は日本史の本を読むのが好きだ。
【解説】like ～ ing「～することが好き」(P.５５(28)参照)。同じ意味の like to ～は「(その時だけ)～したい」として使うこともある。I like to read this book now.「今この本を読んでみたい」。

1

(11) 【訳】私は模型飛行機を作るのが好きだ。
【解説】be fond of ～「～が好き」。～は名詞または動名詞。I'm fond of (playing) baseball.「野球(をすること)が好き」。fond を使うと like よりも意味が強くなる。

2

(12) 【訳】もう１回テニスの試合をやらない？
【解説】How about ～?「～することについてはどうですか・～はいかがですか」。How about some cake?「ケーキはいかがですか」。another は「さらにもう一つの」の意。

4

(13) 【訳】ジェインは、子ども向けの物語を書くことに興味がある。
【解説】be interested in ～「～に興味がある」。～は名詞または動名詞。interesting「おもしろい・興味深い」。Her stories are interesting.「彼女の話はおもしろい」。

2

文法に関する問題　比較

(1) This movie is (　　) interesting than that one.
1. many
2. much
3. more
4. most

(2) Our kendo team is the (　　) in the city.
1. good
2. better
3. best
4. well

(3) This red skirt is (　　) than that white one.
1. cheap
2. cheaper
3. cheapest
4. the cheapest

(4) His house is (　　) than mine.
1. big
2. biggest
3. bigger
4. more

(5) Jack swam much (　　) than everyone else in the last race.
1. fast
2. faster
3. fastest
4. as fast as

(6) More (　　) half of the class was absent from school yesterday.
1. than
2. from
3. at
4. on

(7) My father got up (　　) than usual this morning.
1. early
2. earlier
3. earliest
4. the earliest

解説 / 解答

(1) 【訳】この映画はあの映画よりもおもしろいよ。
【解説】more interesting than ～「～よりおもしろい」。more＋形容詞＋than ～の形で使い、～は比較の対象。4. most は「最も～」の意。This movie is the most interesting.「この映画が一番おもしろい」。 **3**

(2) 【訳】私たちの剣道チームは市内で一番強い。
【解説】the best「最高の」。best は1. good の最上級。最高のものは、ふつう1つしかないから最上級の形容詞の前にthe を置く。This is the fastest jet fighter.「これは最も速いジェット戦闘機だ」。 **3**

(3) 【訳】この赤いスカートは、あの白いのよりも安い。
【解説】than ～があるので比較級。cheap のように比較的短い形容詞、副詞には比較級を作る語尾（単語の後ろにつける言葉の部品）-er を直接つける。ここでは one = skirt。 **2**

(4) 【訳】彼の家は私の家より大きい。
【解説】than ～があるので比較級。比較級を作る場合、big のように、語尾が短母音＋子音で終わるものには子音字を重ねて -er をつける（hot → hotter、thin → thinner）。 **3**

(5) 【訳】ジャックはこの間の大会で、他のだれよりも速く泳いだ。
【解説】much faster than ～「～よりもずっと速く」。much は比較級の意味を強める。原級の意味を強める時は very fast「たいへん速く」のようにする。else「(修飾すべき言葉の後ろに置いて)他の」。 **2**

(6) 【訳】昨日クラスの半分以上が学校を休んだ。
【解説】more は many の比較級。more than ～「～以上の」↔ less than ～「～以下の」。half「半分・2分の1」。 **1**

(7) 【訳】お父さんは、今朝はいつもより早く起きた。
【解説】earlier than usual「いつもより(時間的に)早く」。1. early に比較級の語尾 - er をつけると、2. earlier のつづりになることに注意。 **2**

文法に関する問題　比較

(8) Bob is a good runner. I hope I can run as (　　) as he.
　　1.　fast　　　　　　　　2.　faster
　　3.　fastest　　　　　　　4.　the fastest

(9) Usually my grandfather goes to bed (　　) than I in the night.
　　1.　earliest　　　　　　 2.　early
　　3.　earlier　　　　　　　4.　very early

(10) I was ill in bed yesterday. But I feel much (　　) this morning.
　　1.　well　　　　　　　　2.　better
　　3.　good　　　　　　　　4.　best

(11) This college library has as (　　) books as the city library.
　　1.　much　　　　　　　　2.　more
　　3.　many　　　　　　　　4.　most

(12) I have three sons. The (　　) of the three is Tom.
　　1.　tallest　　　　　　　2.　taller
　　3.　tall　　　　　　　　　4.　very tall

(13) A：What color do you like (　　)?
　　 B：Red.
　　1.　well　　　　　　　　2.　best
　　3.　better　　　　　　　4.　good

(14) Mike has an uncle. He is twice as (　　) as he.
　　1.　old　　　　　　　　　2.　older
　　3.　oldest　　　　　　　4.　very old

> 解説

> 解答

(8)【訳】ボブはすごい走者だ。ぼくも彼と同じくらい速く走れるといいな。
【解説】as fast as 〜「〜と同じくらい速く」。as 〜 as で同程度であることを示す。Tom speaks Japanese as naturally as I do.「トムはぼくと同じくらい自然に日本語を話す」。

1

(9)【訳】夜はたいてい祖父が、ぼくより早く寝る。
【解説】2. early「(時間的に)早く」。earlier は比較級。earlier than 〜「〜より早く」。the earliest「最も(時間的に)早く」。go to bed「寝る」↔ get up「起きる」。

3

(10)【訳】ぼくは、昨日病気で寝ていた。しかし、今朝はずっと気分がいい。
【解説】feel better「(以前より)気分がよい」。better は1. well と3. good の比較級。much は強調を表す。be ill in bed「病気で寝ている」。

2

(11)【訳】この大学の図書館には、市の図書館と同じくらいの数の本がある。
【解説】as many 〜 as「同じ数の〜」。(8)同様、as 〜 as で同程度であることを示す。as much 〜 as「同じ量の〜」。My brother has as much money as I do.「弟はぼくと同じくらいのお金を持っている」。

3

(12)【訳】私には3人の息子がいる。3人の中で、一番背が高いのがトムだ。
【解説】the tallest「最も背が高い」。the 〜 of the three「3人の中で最も〜」だから、最上級を使う。

1

(13)【訳】A：何色が一番好きですか。
　　　　B：赤色です。
【解説】best「最もよい」↔ worst「最も悪い」。最上級なのでここでも the best とすべきだが、best のあとに名詞がつかない場合は慣用として、the はつけないのがふつう。

2

(14)【訳】マイクにはおじさんが一人いる。おじさんは、彼の2倍の年齢だ。
【解説】twice as A as B「Bの2倍のA」。〜 times as A as B にすると、「Bの〜倍のA」となる。

1

文法に関する問題　　時制

(1) I think she (　) come here.
　1. aren't　　　　2. weren't
　3. won't　　　　4. isn't

(2) A : (　) you live in Tokyo when you were a child ?
　B : No, I lived in Yokohama.
　1. Did　　　　2. Does
　3. Is　　　　4. Was

(3) My sister was (　) with mother when I went downstairs.
　1. talks　　　　2. talk
　3. talked　　　　4. talking

よく出る

(4) We (　) not able to play baseball yesterday because of the rain.
　1. did　　　　2. will
　3. are　　　　4. were

(5) My father (　) a newspaper in the living room now.
　1. is reading　　　　2. read
　3. was reading　　　　4. to read

(6) Takeshi (　) a lot of pictures of flowers in the garden last Friday.
　1. take　　　　2. takes
　3. took　　　　4. taking

(7) What (　) you do this weekend ?
　1. are　　　　2. will
　3. were　　　　4. did

解説

解答

(1)【訳】私は、彼女はここには来ないだろうと思う。
【解説】won't「〜しないだろう(＝will not)」。will は〈予定〉の意味を持つ助動詞（動詞を助けて意味をつけ加える言葉）。

3

(2)【訳】A：君は子どものころには東京に住んでいたの？
　　　　B：いいえ、横浜に住んでいたよ。
【解説】when you were a child「子どものころには」で過去のことについての話だから、一般動詞 live の疑問文には did を使う。

1

(3)【訳】私が下りていくと、姉(妹)は母と話をしていた。
【解説】My sister was talking.「姉(妹)は話をしている最中であった」。進行中のことを表現する be＋動詞 ing を過去時制で使う。downstairs「下の階に」↔ upstairs「上の階に」。

4

(4)【訳】昨日は雨のせいで、野球ができなかった。
【解説】be able to「できる(＝can)」。過去の意味では could を使わずに、we were able to とすることが多い。because of 〜「〜の理由で」。because of the rain は because it rained とも言いかえられる。

4

(5)【訳】父は今、居間で新聞を読んでいる。
【解説】now「今」だから現在進行形 be＋動詞 ing を使う。なお、read は過去形も現在形と同じ形だが発音は異なるので注意。

1

(6)【訳】タケシは、先週の金曜日に庭で花の写真をたくさんとった。
【解説】last Friday「先週の金曜日」なので過去形の took を使う。take a picture「写真をとる」。a lot of 〜は a lot of pens「たくさんのペン」、a lot of water「大量の水」というように、数・量の両方について使える。

3

(7)【訳】この週末はどうする予定ですか。
【解説】this weekend とあり、これからの予定を聞いているのだから will が正解。last weekend「先週末・この間の週末」であれば、4. did が正解となる。

2

1 文法に関する問題　前置詞・接続詞

(1) My mother had a headache, so she stayed (　　) bed this morning.
1. from
2. through
3. before
4. in

(2) My mother went to the supermarket (　　) some vegetables.
1. for
2. to
3. of
4. from

(3) My mother gets up (　　) 5:30 to make breakfast every morning.
1. on
2. in
3. at
4. with

(4) I made a brown sweater (　　) my father.
1. on
2. by
3. from
4. for

(5) My uncle's grocery store is open from 9:00 a.m. (　　) 7:00 p.m. on weekdays.
1. to
2. since
3. on
4. by

(6) Both Tom (　　) Jane are swimming in the river now.
1. and
2. or
3. so
4. but

(7) They welcomed me (　　) a smile.
1. by
2. with
3. on
4. for

解説　　　　　　　　　　　　　　　　　　　　　解答

(1)【訳】母は今朝頭が痛かったので、ベッドで寝ていた。
【解説】stay in bed「ベッドの中にいる→寝ている」。in ～「～の中に」↔ out of ～「～の外に」。She went out of bed.「彼女はベッドから外へ出た→起床した」。　　**4**

(2)【訳】母は野菜を買うために、スーパーへ行った。
【解説】for ～「～を求めて」。for some vegetables「野菜を求めて→買おうと」。He looked for the key of his room.「彼は自分の部屋のかぎをさがした」の for も同様の意味。　　**1**

(3)【訳】母は朝食を作るために、毎朝5時半に起きる。
【解説】5:30 は five thirty と読む。おおよそ at は時刻など時の一点、1. on は特定の日やその朝晩、または週以上、2. in はある程度の長さを持った期間(月以上)を示す。on Wednesday「水曜日に」、in March「3月に」。　　**3**

(4)【訳】私はお父さんのために、茶色のセーターを作った。
【解説】for ～「～のために」。made は make の過去形。I made my father a brown sweater. とも言える。　　**4**

(5)【訳】私のおじの食料品店は、平日の午前9時から午後7時まで開いている。
【解説】to～「～まで(= until)」。grocery store「食料雑貨店」。a.m.「午前」、p.m.「午後」。weekday「平日」。weekend「週末」。　　**1**

(6)【訳】今、トムとジェインは2人とも川で泳いでいる。
【解説】both A and B「AもBも両方」。AとBには同じまとまりの言葉がくる。Jazz is popular both in Japan and in the United States.「ジャズは日本でもアメリカでも人気がある」。　　**1**

(7)【訳】彼らは笑顔で私をむかえてくれた。
【解説】この場合の with は様子を表し、「～をともなって・～で」という意味。with a smile はよく使う言い方なので、熟語として覚えておくとよい。　　**2**

67

文法に関する問題　　助動詞

(1) A : (　) I use your bathroom ?
　　B : Sure.
　　1. Will　　　　2. Can
　　3. Did　　　　4. Am

(2) A : (　) we play chess again next Sunday ?
　　B : O.K. I will be a winner this time.
　　1. Are　　　　2. Shall
　　3. Does　　　4. Let

よく出る

(3) A : (　) I open the window ?
　　B : Certainly.
　　1. Do　　　　2. Am
　　3. May　　　4. Will

(4) Hiroshi, you may go to a bookstore, but you (　) come home before dinner.
　　1. will　　　　2. must
　　3. have　　　4. does

(5) Let's take a rest. I (　) walk anymore.
　　1. does　　　2. cannot
　　3. may　　　4. will

(6) What time (　) you arrive at Haneda Airport ?
　　1. are　　　　2. shall
　　3. will　　　4. does

(7) You (　) drink whiskey when you are older than 20.
　　1. may　　　2. must
　　3. did　　　4. does

解説

(1) 【訳】A：トイレをお借りできますか。
B：どうぞ。
【解説】Can I ～?「～してもいいですか」。bathroom「浴室」であるが、欧米の場合には「お手洗い(toilet)」も同じ室内にある。持ち運びできないものを借りる時は borrow ではなく、use を使う。

解答 **2**

(2) 【訳】A：次の日曜日にもう一度チェスをやらないか。
B：いいよ。今度は勝つぞ。
【解説】Shall we ～?「～しませんか・しようよ」と誘う時に使う。winner「勝者」↔ loser「敗者」。4. Letを使うなら、Let's (Let us の短縮形) play ～としなければいけない。

2

(3) 【訳】A：窓を開けてもいいですか。
B：どうぞ。
【解説】May I ～? は「～してもいいですか」と相手の許可を求める言い方((1)の Can I ～? も同様。話し言葉では Can I ～? のほうがよく使われる)。certainly は yes のていねいな言い方。

3

(4) 【訳】ヒロシ、本屋さんに行ってもいいけれど、晩ご飯前には帰って来るのよ。
【解説】must ～「～しなければならない」は意味が強く、ほとんど命令文(Come home ～.)に近い。

2

(5) 【訳】休けいしようよ。もう歩けないよ。
【解説】can ～「～できる」。not ～ anymore「もうこれ以上～ない」。take a rest「休けいする」。

2

(6) 【訳】何時に羽田空港に着きますか。
【解説】will ～「～する予定である」。arrive at ～「～に到着する(= get to・reach)」。port は「港」の意味。Yokohama Port「横浜港」。

3

(7) 【訳】20歳以上であれば、ウイスキーを飲んでもいいよ。
【解説】may ～「～してよい(許可)」。older than ～「～より年上の」↔ younger than ～「～より年下の」。

1

第1章 短文の語句空所補充

69

文法に関する問題　その他

(1) My father sent (　　) a picture postcard from Holland.
1. we
2. us
3. our
4. mine

(2) Please (　　) quiet in a theater.
1. be
2. do
3. are
4. am

(3) We (　　) to get up at six to take a train tomorrow.
1. must
2. can
3. will have
4. may

(4) A : This is my bicycle. Whose bicycle is that?
B : Oh, it's (　　).
1. me
2. mine
3. I
4. my

(5) A : Do you have (　　) dictionary with you, George?
B : Yes, I do.
1. your
2. you
3. yourself
4. yours

(6) (　　) pretty cats they are!
1. When
2. What
3. How
4. Do

(7) A : (　　) did you come here?
B : By bus.
1. How
2. What
3. Whose
4. Who

解説

(1) 【訳】父は、私たちにオランダから絵葉書を送ってくれた。
【解説】send A (人) B (物)「A に B を送る」。A にあたる **1.** we は目的格「私たちに」の意味の us となる。sent は send の過去形。

2

(2) 【訳】劇場の中では静かにしなさい。
【解説】命令文では be 動詞は原形の be を使う。Be quick.「早くしなさい」。Be honest.「正直になりなさい」。Keep quiet. も「静かにしなさい」。

1

(3) 【訳】私たちは明日、電車に乗るために 6 時に起きなければいけない。
【解説】ほぼ、have to ～「～しなくてはならない (= must ～)」だが、have to は must に比べて意味が弱い。また、過去形や未来形にする場合は、had to ～や will have to ～を使う。take a train「電車に乗る」。

3

(4) 【訳】A：これはぼくの自転車だ。あれはだれの自転車なの？
　　　B：ああ、私のだよ。
【解説】ここでは mine = my bicycle。whose ～？は「だれの～？」という意味の疑問詞。

2

(5) 【訳】A：自分の辞書持ってる、ジョージ？
　　　B：うん、持ってるよ。
【解説】your ～「あなたの～」。**4.** yours は「あなたのもの」の意味。mine「私のもの」、his「彼のもの」、hers「彼女のもの」なども同じ種類の言葉。

1

(6) 【訳】なんてかわいいネコたちなんだろう。
【解説】What ～！「なんて～なんだろう」と驚きを表す言い方。**3.** How ～！という場合には形容詞だけを使い、How pretty (they are) ! とする。

2

(7) 【訳】A：どうやってここに来たの？
　　　B：バスで来たんだ。
【解説】how「どのようにして」は手段をたずねる疑問詞。by car / taxi / train「車で / タクシーで / 電車で」。I walked here. / came here on foot.「歩いてきた」。

1

文法に関する問題　その他

(8) A : Did you and your mother go shopping together yesterday ?
B : Yes, (　) did.
1. we
2. they
3. he
4. she

(9) A : Do you like your English class at school ?
B : Yes, but we're getting more (　) more homework.
1. but
2. or
3. and
4. so

(10) I have two sisters. (　) names are Hiroko and Yoko.
1. Their
2. Them
3. They
4. Theirs

(11) English is (　) in this country.
1. speaking
2. spoke
3. spoken
4. speak

(12) A : (　) your older brother like traveling ?
B : Yes. He has a lot of guide books.
1. Is
2. Does
3. Are
4. Do

(13) My grandfather gave (　) this watch for my birthday.
1. me
2. my
3. we
4. I

(14) A : Where did you (　) this wallet, Jack ?
B : At the bottom of the stairs.
1. found
2. finding
3. finds
4. find

| 解説 | 解答 |

(8)【訳】A：昨日、君とお母さん、いっしょに買い物に行った？
　　　　B：行ったよ。
【解説】you と your mother をまとめて示す人称代名詞は we。go shopping「買い物に行く」。together「いっしょに」。

1

(9)【訳】A：学校での英語の授業は好き？
　　　　B：好きだよ。だけどだんだん宿題が増えてきているよ。
【解説】more and more ～「ますます多くの～」。～(比較級) and ～で次第に程度が上がることを示す。

3

(10)【訳】ぼくには妹が2人いる。彼女たちの名前はヒロコとヨウコだ。
【解説】ここでは「2人の妹の」の意味の所有格 their を使う。4.Theirs は「彼ら(彼女ら)のもの」の意。

1

(11)【訳】この国では英語が話されている。
【解説】They speak English in this country.「この国では人びとは英語を話す」を受け身に変えた言い方。受け身にした場合、一般の人びとを表す They にあたる by them は示さないのが一般的。

3

(12)【訳】A：君のお兄さんは旅行が好きなの？
　　　　B：そうだよ。たくさんのガイドブックを持っているよ。
【解説】your brother は代名詞ならば he。主語が三人称単数の場合、現在時制の疑問文を作る時には does を文頭に置く。

2

(13)【訳】私のおじいさんは、私の誕生日にこの時計をくれた。
【解説】give A (人) B (物)「A に B を与える」。「私に」くれたのだから、答えは me を選ぶ。give this watch to me としてもよい。

1

(14)【訳】A：ジャック、この財布どこで見つけたの？
　　　　B：階段の下だよ。
【解説】過去時制の疑問文。一般動詞を使った文だから did を使って疑問文を作る。did で過去であることを示したので、後ろにくる動詞は原形の find のままでよい。1. found は find の過去形。

4

73

COLUMN

日本語と英語の表現の違い

こんな情景を思い浮かべてください。

あなたは、英語を話す外国人も出席しているパーティーに出かけました。その席上で、参加者それぞれが持参したプレゼントの交換が始まり、あなたも抽選で決まった外国人と交換をしました。

その時、あなたは相手に何と言いますか。Thank you very much.または「どうもありがとう」のほかに何かお礼の言葉を言いますか。

私の経験では、多くのアメリカ人はまず受け取ったプレゼントをさしながら "May I open it?"「開けてもいいですか。」とたずねます。日本人が贈り物を受け取った時にその場で開けて中を見るなどということはあまりありませんが、英語を話す国々では、その場で開けて中を見て、お礼を言うことが習慣になっています。

> Thank you so much.
> 　「本当にありがとう。」（と言って開けてから）
> That's great. I like it.
> 　「すごいわ。いいわ。」（さらにプレゼントをよく見ながら）
> That's wonderful. That's kind of you.
> 　「本当にすごい。ご親切にありがとうございます。」
> 　（近くにいる友人などに見せながら、同意を求めて）
> Isn't it beautiful? That's neat.
> 　「きれいでしょう？素敵よ。」

これはすべて一人の人が言った言葉です。プレゼントを贈ったほうが恥ずかしくなってしまうくらいに、大げさに思われますね。

Thank you.「どうもありがとう」というひかえめなお礼の言葉もいいものです。でも、英語が使える場所では、時には思い切って上記のように知っている表現を総動員して、お礼を言ってみてはどうでしょうか。

こんな時に使った英語は、確実にあなたのものになりますよ。

第2章

会話文の文空所補充

- ! 解答のコツ
- ◈ 会話文の文空所補充

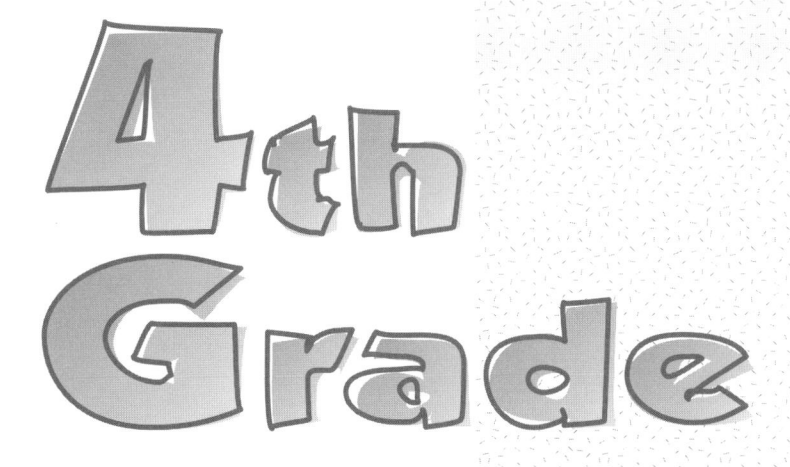

4th Grade

会話文の文空所補充

解答のコツ

　ここで言う「会話文」とは、「質問に対する応答」をさします。つまり相手が何か言ってきた時に、適切な返事ができるかどうかを試す問題と言えます。
　実際の問題で、出題傾向を見てみましょう。

〈例題１〉疑問詞の正確な意味を問う問題
　　Girl：How long did David stay in Japan？
　　Boy：(　　　).
　　1.　That's great.　　　　　2.　For two weeks.
　　3.　Yes, he did.　　　　　　4.　Five kilometers.　　　　（正解　2）

【訳】少女：デイビッドはどれくらい日本に滞在したのですか。
　　　少年：２週間です。
【解説】How long の部分だけを読めば、「どれくらい長い」ですから「物の長さ」をたずねているのかなと思ってしまう人もいるでしょう。しかし、stay「滞在する」という言葉が出てきますから、ここでの How long ～？は「どれくらいの期間～ですか」という質問とわかります。

〈例題２〉相手にお願いする疑問文の応答を問う問題
　　Woman：Will you open the window for me？
　　Man：(　　　).
　　1.　I'm fine.　　　　　　　2.　Certainly.
　　3.　No, thank you.　　　　　4.　Yes, you are.　　　　　（正解　2）

【訳】女性：私のために窓を開けてくれませんか。
　　　男性：もちろん（いいですよ）。
【解説】最後に疑問符(？)がついているからといって、質問しているとは限りません。初めの文章は Please open the window for me.と同じ意味になります。「窓を開けてください」という意味ですから、Yes や No で答えることはあまりありません。Sure.または Certainly.と答えるのが一般的です。

　一言で言えば、相手が「どのようなことをたずねたり、頼んだりしているのか」をとらえることが、解答の最大のコツです。
　この点について、もう少し具体的に説明しましょう。

Point 1 文章全体から意味をとらえ判断しよう

"Did you know this ? He failed in the test."「知ってた？ 彼は試験に落ちたんだって」と言われたら、"That's too bad." "I'm sorry to hear that." などと同情の気持ちを伝えるのが一般的です。"Yes, I did." では「知ってたよ。それがどうしたの？」という冷たい響きの、おかしな返事になってしまいます。相手が、全体としてどういうことを伝えようとしているのかを読み取って、答えを選びましょう。

Point 2 疑問文は質問とは限らない

例えば、"May I use your dictionary ?"「あなたの辞書を使っていいですか」という文は、疑問符（？）がついていますから、たしかに形は疑問文です。しかし本当は「辞書を使わせてください」と頼んでいる文です。最も自然な答えは、「いいですよ」または「すみませんがだめです」となります。"Sure." "Certainly." "O.K." または "Sorry." などの答えが返ってくるはずです。"Yes, you may." と答えることはあまりありません。

Point 3 形式の決まったやりとりはそのまま覚えよう

英会話には〈決まった言い方〉というものがあります。例えば、"Have a nice weekend !"「よい週末をね！」と言われたら "Thanks. You, too."「ありがとう。君もね」と答えることが慣例的に決まっています。これ以外の答え方はほとんどありません。友人の家での食事に呼ばれた時に "May I have some wine ?"「ワインをいただいてもいいかな」とたずねれば、友だちは "Sure, help yourself."「どうぞ、自由にやってください」と答えることはほぼ確実です。

このような決まった言い方をする語は限られています。上にあげた以外にも次のような言い方があります。ぜひ覚えておきましょう。

* May I help you ?
  ご注文をお聞きいたしましょうか。 ➡ No, thank you. I'm just looking.
  いいえ結構です。
  ちょっと見ているだけですから。

* Sorry, I have kept you waiting.
  ごめんなさい、お待たせして。 ➡ That's all right.
  いいえ、大丈夫ですよ。

* I have so many things to do.
  やらなければいけないことがたくさんあるんだ。 ➡ Take it easy.
  無理しないでね。

会話文の文空所補充

次の会話について、(　　) に入れるのに最も適切なものを1、2、3、4の中から一つ選びなさい。

よく出る

(1) Son : Morning, Mom.
　　Mother : Good morning. (　　)
　　Son : Fine. I slept well.

　　1. How do you do ?　　2. What time is it ?
　　3. How are you feeling ?　　4. What day is it today ?

(2) Man : Can I see that blue hat ?
　　Clerk : Certainly, sir.
　　Man : (　　)
　　Clerk : It's $40.

　　1. How much you eat !　　2. May I try it on ?
　　3. I'm just looking.　　4. How much is it ?

(3) Father : Lucy, did you mail my letter ?
　　Daughter : Oh ! Sorry, Dad. I forgot it.
　　Father : (　　)

　　1. No thanks.　　2. Yes, you are.
　　3. That's all right.　　4. No, it isn't.

(4) Boy : Hello, this is Ken. Is Tsuyoshi there ?
　　Woman : (　　)

　　1. Sorry. He didn't.　　2. Sorry. He's out now.
　　3. Sorry. It's me.　　4. Sorry. He doesn't.

Point
会話の場面を想像しながらセットで覚えよう

目標タイム 1問あたり 10秒

解説 / **解答**

(1) 【訳】息子：おはよう、お母さん。
　　　　母親：おはよう。気分はどう？
　　　　息子：いいよ。よく眠れたよ。
【解説】朝、起きた時の会話。How are you feeling? は気分や体の調子をたずねる時に使う。1. How do you do? の意味は「はじめまして」。2. What time is it? は時刻を、4. What day is it today? は今日の曜日をたずねる文。

3

(2) 【訳】男性：あの青い帽子を見せてもらえますか。
　　　　店員：かしこまりました。
　　　　男性：いくらですか。
　　　　店員：40ドルです。
【解説】店員が「40ドルです」と答えているので、How much ～? で値段をたずねていることがわかる。1. も How much で始まる文であるが、これは「なんて～だろう」という感嘆文であって、疑問文ではない。

4

(3) 【訳】父親：ルーシー、ぼくの手紙をポストに入れてくれたかい？
　　　　娘：あっ！ごめんなさい、お父さん。忘れたわ。
　　　　父親：いいよ、気にしないで。
【解説】forgot は forget の過去形。1. No thanks. は「いいえ、けっこうです」という意味で、相手の申し出を断る表現。mail ～ は動詞で「～を郵送する・ポストに入れる」の意味。

3

(4) 【訳】少年：もしもし、ケンです。ツヨシ君はいますか。
　　　　女性：ごめんなさい。今出かけているわ。
【解説】電話をかけた人は This is ～ (speaking). 「こちらは～です」と名のり、A さんに用事ならば、Is A there?「A さんいますか」、または I'd like to talk to A.「A さんに話をしたいです」と言う。

2

第2章　会話文の文空所補充

会話文の文空所補充

(5) Teacher : How was your last weekend, Sachiko ?
Girl : I had a very good time.
Teacher : What did you do ?
Girl : (　)
1. Yes, I did.
2. I went there by bus.
3. I want to go to the zoo.
4. I played tennis with my friends.

(6) Boy : I was late for school this morning.
Girl : What time did you leave home ?
Boy : (　)
1. Until eight.
2. It's a very long time.
3. About eight thirty.
4. When I was seven.

(7) Father : Study hard for the next exam, Yoko.
Daughter : (　)
1. Yes, I am.
2. That's O.K.
3. O.K. I'll do my best.
4. That's great.

(8) Boy : Did you hear about Ben ?
Girl : No, what's the matter with him ?
Boy : He is in hospital because he is sick.
Girl : Oh, really ? (　)
1. Oh, that's O.K.
2. I'm sorry to hear that.
3. Here it is.
4. Yes, I am.

(9) Girl : How is your grandfather, Peter ?
Boy : (　)
1. Much better, thank you.
2. That's good.
3. Last week.
4. You're welcome.

解説　　　　　　　　　　　　　　　　　　　　　　解答

(5) 【訳】先生：サチコさん、週末はどうでしたか。
　　　　少女：とても楽しかったです。
　　　　先生：何をしたんですか。
　　　　少女：友だちとテニスをしました。
【解説】3つ目の英文 "What did you do ?" は、週末に何をしたかをたずねている。2. が答えになるなら How did you go to ～?「どうやって～へ行きましたか」が質問となるはず。

4

(6) 【訳】少年：今朝、学校に遅刻したんだ。
　　　　少女：何時に家を出たの？
　　　　少年：8時半ぐらいだよ。
【解説】be late for ～ で「～に遅れる」。leave ～ は「～を出発する」。「～に向けて出発する」なら leave for ～。What time ～? と聞いているので、時刻を答える。4. の意味は「私が7歳の時です」

3

(7) 【訳】父親：ヨウコ、次の試験のために一生懸命勉強しなさい。
　　　　娘：ええ、できるだけがんばるわ。
【解説】2. That's O.K. は、「それでいいです」という意味で、相手の提案を了承する時などに使う。do one's best「最善を尽くす」。best は good の最上級。

3

(8) 【訳】少年：ベンのこと聞いた？
　　　　少女：いいえ、何かあったの？
　　　　少年：病気で入院しているんだ。
　　　　少女：まあ、本当？　気の毒に思うわ。
【解説】hear about～「～について聞いている、～の消息を聞く」。What's the matter with ～?「～はどうしたのですか」。be in hospital「入院している」。2. の that は "He is in hospital" をさす。

2

(9) 【訳】少女：ピーター、おじいさんの具合はどう？
　　　　少年：ずっとよくなったよ、ありがとう。
【解説】この How ～? は、問(5)の1つ目の文と同じで、状況や様子をたずねる疑問詞。better は well「元気な」の比較級。much は比較級の言葉の意味を強める副詞。

1

第2章　会話文の文空所補充

81

会話文の文空所補充

(10) Woman : Would you like some more?
　　 Man : Yes, please. This is very delicious.
　　 Woman : Thank you. (　　)
　　 1. May I help you?　　2. Yes, it is.
　　 3. I'm glad you like it.　　4. You're wrong.

(11) Boy : I'm going to meet my new judo coach.
　　 Girl : Really? How do you feel now?
　　 Boy : I'm a little bit nervous.
　　 Girl : (　　)
　　 1. You're right.　　2. Fine, thank you.
　　 3. See you later.　　4. Take it easy.

(12) Woman : Can I have some water?
　　 Man : (　　)
　　 1. Oh, thank you.　　2. No, I can't.
　　 3. Certainly. Help yourself.　　4. Yes, you do.

(13) Boy : Shall we have lunch together?
　　 Girl : OK. What shall we have?
　　 Boy : (　　)
　　 1. At one o'clock.　　2. I ate spaghetti.
　　 3. At the restaurant.　　4. I'd like curry and rice.

(14) Girl : Happy birthday! This is my gift to you.
　　 Boy : Thank you, Patty. May I open it now?
　　 Girl : (　　) I hope you'll like it.
　　 1. Go ahead.　　2. No, it can't.
　　 3. Not at all.　　4. The same to you!

解説　　　　　　　　　　　　　　　　　　　　　解答

(10)【訳】女性：もう少しいかがですか。
　　　　　男性：はい、お願いします。これはとてもおいしいですね。
　　　　　女性：ありがとう。気に入っていただけてうれしいわ。
　　【解説】何か返事をしたあとには、自分の気持ちや感想を加えることが多い。この場面では delicious とか glad という言葉をそえる。おいしかったら Delicious! と、日本人としてはちょっと大げさなくらいに言おう。

3

(11)【訳】少年：柔道の新しいコーチに会うんだ。
　　　　　少女：そうなの？今どんな気持ち？
　　　　　少年：ちょっと緊張しているよ。
　　　　　少女：まあ、気楽にね。
　　【解説】easy は「のんびりと、くつろいで」の意味。nervous「緊張した」。オーバーペースになっている相手には Take it easy.「気楽にやりなさい」と言う。英語の勉強も、時には Take it easy!

4

(12)【訳】女性：水をいただけますか。
　　　　　男性：どうぞ。ご自由にお飲みください。
　　【解説】certainly は「いいですよ」のとてもていねいな言い方。help yourself は「自分自身を助けよ」つまり「自分でお好きなようにどうぞ」の意味。

3

(13)【訳】少年：お昼ごはんをいっしょに食べない？
　　　　　少女：いいわよ。何を食べる？
　　　　　少年：カレーライスがいいな。
　　【解説】Shall we～？は「～しませんか」という勧誘の表現。これで相手の意向をたずねる。I'd like は I would like のこと。「できれば～がいいな」とひかえめな希望を表す。

4

(14)【訳】少女：お誕生日おめでとう。これはあなたへのプレゼントよ。
　　　　　少年：ありがとう、パティ。今開けてもいい？
　　　　　少女：どうぞ。気に入ってくれるといいな。
　　【解説】「お誕生日おめでとう」は Let me wish you a happy birthday! と言ってもよい。Go ahead. は相手の動作を促(うなが)す時に使う表現。

1

第2章　会話文の文空所補充

会話文の文空所補充

(15) Girl : Have you done your homework, Tom ?
Boy : (　) How about you ?
Girl : I've just finished.
1. Yes, I was.　　　　2. No, not yet.
3. Yes, you did.　　　4. No, I don't.

(16) Father : Your birthday will come next week, Jane.
Daughter : Yes, it will.
Father : What do you want to have for it ?
Daughter : (　)
1. A bag.　　　　　　2. January 18.
3. 15 years old.　　　4. My dad did.

(17) Boy : I ate a pizza at that fast food restaurant yesterday.
Girl : How did you like it ?
Boy : (　)
1. It was very long.　2. It was good.
3. It's far away.　　　4. I finished it.

(18) Clerk : How can I help you, sir ?
Man : (　) I'm just looking.
1. I'm fine.　　　　　2. That's good.
3. No, thank you.　　4. Here you are.

(19) Girl : What's wrong with you ?
Boy : I've lost my cap on my way to the library.
Girl : (　)
1. I'm glad to hear that.　2. Sure.
3. That's too bad.　　　　4. O.K. thanks.

解説　　　　　　　　　　　　　　　　　　　　　　**解答**

(15)【訳】少女：トム、宿題やった？
少年：いいや、まだだよ。君は？
少女：たった今終わったばかり。

【解説】not yet は I haven't done my homework yet.「私はまだ宿題をやっていない」の主要部分だけを言ったもの。not yet「まだ〜でない」↔ already「すでに」。　**2**

(16)【訳】父親：ジェイン、おまえの誕生日は来週だね。
娘：そうよ。
父親：誕生日に何がほしい？
娘：かばんがほしいな。

【解説】come は、Spring has come.「春が来た」のように、時がめぐり来る場合にも用いる。have〜「〜を受け取る」。for it の it は your birthday で「君の誕生日を祝って」の意味になる。　**1**

(17)【訳】少年：昨日、あのファストフード店のピザを食べたよ。
少女：どうだった？
少年：おいしかったよ。

【解説】How did you like it ? でそのピザを気に入ったかどうか聞いている。How was the pizza ? または Did you like the pizza ? と言ってもよい。答えは、例えば、It was too small.「小さすぎた」などでも OK。　**2**

(18)【訳】店員：ご注文をお聞きしましょうか。
男性：いいえ、結構です。ちょっと見ているだけですから。

【解説】お店の中の商品をながめているお客と店員の会話。How can I help you, sir ?「どのようにお助けできますか」つまり「ご注文をお受けいたします（＝May I help you ?）」の意。sir は男性への敬意を表す。　**3**

(19)【訳】少女：どうしたの？
少年：図書館に行く途中で帽子をなくしてしまったんだ。
少女：それはいけないわね。

【解説】That's too bad.「それはひどすぎるね」は相手の不運に同情する言い方。That's good / great.「それはよい / すごい」。この lost は lose「失う」の過去分詞。on my way to 〜「私が〜へ行く途中で」。　**3**

第2章　会話文の文空所補充

COLUMN

自己紹介のために覚えておきたい英語表現

英語の勉強を続けていると、英語で自己紹介する機会が必ずめぐってきます。自己紹介をする時には、短時間で何を言おうかと必死に考えますから、英語の実力もワンランクアップします。

ここでは、自己紹介をする時に役立つ英語表現を紹介しましょう。

まず、何を言うのかを決めます。どのような人たちの前で話すのかにもよりますが、原則は「短く、自分しか知らないことを言う」です。

では、次のような質問に答えるつもりで自己紹介をしましょう。

> 1. What's your name? 「あなたの名前は何ですか？」
> 2. Where do you come from? 「あなたの出身地はどちらですか？」
> 3. What's your most favorite thing? 「あなたの一番好きな物は何ですか？」
> *favorite「好きな・好みの」

上の3つの文については初めて会う人たちの中では当然、あなたしか知らないことです。特に聞きたいのは **3.** だと思います。次のように言えたらたいしたものです。

*（　）の中に下記のような言葉を入れましょう。

> My favorite food is (　　).
> 「好きな食べ物は(　　)です。」

steak / sushi / curry and rice / hamburgers
ステーキ / すし / カレーライス / ハンバーガー

> My favorite sport is (　　).
> 「好きなスポーツは(　　)です。」

skiing / swimming / tennis / basketball
スキー / 水泳 / テニス / バスケットボール

最後には、because 〜「なぜかというと〜」と言って好きな理由をつけ加えれば、だれもが感心する英語の自己紹介になるでしょう。

第3章

日本文付き文の語句整序

- ① 解答のコツ
- ◇ 日本文付き文の語句整序

4th Grade

日本文付き文の語句整序

解答のコツ

　この問題は、英作文の力を試すものです。英作文の材料はすべて用意されていますから、受験者は部品である英語の語句を、日本語に従って正しく組み合わせる力を試されるということになります。「正しく組み合わせる力」とは「熟語と動詞の使い方についての知識」が主なものです。
　それでは、実際の問題を見てみましょう。

〈問題の指示〉日本文に合った英文を作って、2番目と4番目にくるものの最も適切な組み合わせを選びなさい。

〈例題1〉熟語の知識を試す問題
　　昨夜のパーティーは楽しかったです。
　　I（**1** a　**2** time　**3** had　**4** at　**5** good）the party last night.
　　1．1－2　　2．1－4　　3．5－2　　4．5－4　　　　　　（正解　1）

【完成文】I had a good time at the party last night.
【解説】have a good time「楽しい時を過ごす」という熟語を知っていればほとんど間違いなく正解できます。日本語と英語を比較すると、おもしろいことがわかります。日本語の「パーティーは楽しかった」を、英語では I had a good time at the party …ですから、「パーティーで楽しい時を過ごした」という言い方をするわけです。また、I enjoyed the party…とも言えます。

〈例題2〉動詞の使い方がわかっているかを試す問題
　　ぼくの犬の写真を何枚か見せてあげよう。
　　I'll（**1** of　**2** some　**3** you　**4** show　**5** pictures）my dog.
　　1．2－1　　2．2－5　　3．3－5　　4．3－2　　　　　　（正解　3）

【完成文】I'll show you some pictures of my dog.
【解説】show「見せる」という動詞は、show A(人) B(物)「AにBを見せる」という使い方をします。AとBの順序を正しく覚えていれば正解できます。ただし、pictures of my dog の語順には少し迷うかもしれませんね。

　このような問題を解くポイントは次の通りです。

Point 1　熟語を150個覚えよう

　4級の試験に出る熟語の数は、はっきりしています。いくらさがしても150個以上にはなりません。ただし、この150個は in front of ～「～の前に」というふうにではなく、The department store is in front of the station.「そのデパートは駅の前にあります」のように例文として覚えましょう。このようにして覚えた英語が本当の英語力のもとになり、将来、英検3級、準2級受験の時にも生かされるのです。

Point 2　日本語に振り回されるな

　日本語で言っている内容を英語に置きかえましょう。例えば、「このホテルは何階建てですか」を英語で書いてください。
　「何階建てですか」を英語で言うのは難しそうですね。ところが「いくつの階を持っていますか」と表現すれば、How many floors does this hotel have？となり、これで正解です。
　もう一つ出題しましょう。「君の町には図書館はあるの？」を英語で書いてください。ただし Do you ～ で始めて書いてください。
　「君は町に図書館を持っていますか」と英語で表現します。正解は Do you have a library in your town？です。
　日本語を英語で表現するためには、少し工夫が必要ですね。

Point 3　動詞のあとの語順を覚えよう

　「君の名前を教えてください」は、Please tell me your name. となります。tell を「教える・伝える」と覚えているだけではほとんど役に立ちません。tell A（人）B（ことがら）「AにBを教える・伝える」と覚えて、はじめて身につきます。
　help ～「～を助ける」という動詞もよく出題されますが、help A（人）with B（ことがら）「AをBについて助ける」という使い方をします。例えば、I sometimes help my sister with her homework.「ぼくは時どき妹の宿題を手伝います」のようにします。
　動詞のあとの語順を、例文によって覚えましょう。さらにもう少し欲ばって助言すれば、動詞と前置詞のセットも覚えてしまいましょう。

＜動詞と前置詞のセットの例＞
　She teaches English for children.「彼女は子どもたちに英語を教えている」
　I prefer dogs to cats.「私はネコより犬のほうが好きだ」

日本文付き文の語句整序

次の日本文の意味を表すように1から5までを並べかえなさい。そして2番目と4番目にくるものの最も適切な組合せを1、2、3、4の中から一つ選びなさい。ただし、(　　)の中では文のはじめにくる語も小文字になっています。

(1) 夕食後にこのケーキを食べよう。
(1 eat　2 after　3 cake　4 let's　5 this) dinner.
1 _1_3_　　2 _4_1_　　3 _1_5_　　4 _5_1_

よく出る

(2) ぼくの考えをどう思いますか。
What (1 you　2 do　3 of　4 think　5 my) idea?
1 _4_1_　　2 _1_3_　　3 _4_5_　　4 _5_2_

(3) ここに2つの伝言がありますが、両方とも君あてです。
There are two messages here, and (1 them　2 of　3 both　4 for　5 are) you.
1 _1_5_　　2 _2_5_　　3 _2_1_　　4 _5_4_

(4) 私たちの村は、美しい寺院でとても有名です。
Our (1 very　2 village　3 famous　4 is　5 for) its beautiful temple.
1 _1_4_　　2 _1_2_　　3 _2_1_　　4 _4_3_

(5) 京子はその手紙を読んで喜んだ。
Kyoko (1 was　2 read　3 the　4 to　5 happy) letter.
1 _2_3_　　2 _3_5_　　3 _5_2_　　4 _2_1_

目標タイム 1問あたり 50秒

Point
基本的な語順、まとまった表現に気をつけよう

解説 / 解答

(1) 【完成文】Let's **eat** this **cake** after dinner.
【解説】「このケーキ(cake)を食べる(eat)」は eat this cake の語順になる。Let's ～「～しよう」。after ～「～のあとで」↔ before ～「～の前に」。before breakfast「朝食の前に」。

1

(2) 【完成文】What do **you** think **of** my idea?
【解説】think of ～「～について考える」。my idea「私の考え」。「どう思う」は「何と(what)思う」と表現し、How do you think of ～? とは言わない。

2

(3) 【完成文】There are two messages here, and both **of** them **are** for you.
【解説】both of ～「両方とも」。both A and B「A も B も両方とも」という言い方もある。both of them の them は the two messages をさす。「君あて」は「君のために」と考えて for you とする。

2

(4) 【完成文】Our village **is** very **famous** for its beautiful temple.
【解説】be famous for ～「～で有名である」。its は「私たちの村にある」の意。be well-known for ～「～でよく知られている」という言い方もある。

4

(5) 【完成文】Kyoko was **happy** to **read** the letter.
【解説】be happy「喜んだ」。to read「読んで」は原因や理由を表す to 不定詞。I'm sorry to hear that.「それを聞いて残念に思います」の to hear と同じ使い方。

3

第3章 日本文付き文の語句整序

91

日本文付き文の語句整序

(6) 一月に本を何冊買いますか。
　　Ｋen（1 many　2 books　3 how　4 you　5 do）buy a month ?
　　1 _5_3_　　2 _3_2_　　3 _1_5_　　4 _5_1_

(7) ケンは英語の教科書を教室に忘れた。
　　Ken（1 textbook　2 left　3 English　4 in　5 his）the classroom.
　　1 _5_1_　　2 _1_3_　　3 _4_1_　　4 _2_5_

(8) 素敵なプレゼントをどうもありがとう。
　　Thank you（1 a nice　2 for　3 me　4 so much　5 giving）present.
　　1 _5_1_　　2 _2_3_　　3 _4_3_　　4 _1_5_

(9) 名古屋から大阪までどのくらいありますか。
　　How（1 Nagoya　2 it　3 far　4 is　5 from）to Osaka ?
　　1 _1_5_　　2 _1_3_　　3 _4_5_　　4 _5_4_

(10) このドレスは私には派手すぎる。
　　This dress（1 too　2 is　3 colorful　4 me　5 for）.
　　1 _5_1_　　2 _5_2_　　3 _1_5_　　4 _2_5_

(11) ハワイにはどれくらいいたのですか。
　　How（1 in　2 did　3 stay　4 you　5 long）Hawaii ?
　　1 _2_3_　　2 _5_4_　　3 _1_3_　　4 _1_5_

解説

解答

(6) 【完成文】How many books do you buy a month?
【解説】「本を何冊」は「何冊の本」と考えて How many books 〜で始める。「一月に」は「1か月につき」のことだから a month となる。ここでは、a は「〜につき」。two books a week「1週間に2冊」。

3

(7) 【完成文】Ken left his English textbook in the classroom.
【解説】English textbook「英語の教科書」。「教科書(textbook)を置き忘れた(left)」であるから〈動詞＋目的語〉の語順で、left his textbook となる。in the classroom「教室に」。

1

(8) 【完成文】Thank you so much for giving me a nice present.
【解説】「ありがとう(Thank you)」の理由は for 〜で表す。「素敵なプレゼント(を私にくれて)」だから、for giving me a nice present となる。give A (人) B (物)「AにBを与える」。

2

(9) 【完成文】How far is it from Nagoya to Osaka?
【解説】「どのくらい」は距離をたずねているから How far 〜で始める。距離を表す主語は it。It is about 200 kilometers from Nagoya to Osaka.「名古屋から大阪まで約200キロメートルあります」。

3

(10) 【完成文】This dress is too colorful for me.
【解説】This dress is colorful.「このドレスは派手だ」。「派手すぎる」だから too colorful。「私には」は「私にとっては」と考えて for me。quiet「落ち着いた・地味な」。

3

(11) 【完成文】How long did you stay in Hawaii?
【解説】「どれくらい」は「期間」を表すから How long 〜で始める。「いたのですか」は「滞在していたのですか」と考えて stay を使う。過去のことだから did を使って疑問文の語順にする。

1

日本文付き文の語句整序

(12) このホテルの部屋数はどのくらいですか。
How (1 this   2 many   3 does   4 hotel   5 rooms) have ?
1 _5_ _1_   2 _4_ _2_   3 _3_ _2_   4 _4_ _3_

(13) 彼は自分の部屋で、私に切手を何枚か見せてくれた。
He (1 showed   2 some   3 his stamps   4 of   5 me) in his room.
1 _5_ _1_   2 _5_ _4_   3 _1_ _2_   4 _4_ _3_

👉よく出る

(14) 私は今朝、母の洗濯を手伝った。
I (1 mother   2 with   3 a washing   4 helped   5 my) this morning.
1 _2_ _3_   2 _2_ _5_   3 _5_ _1_   4 _5_ _2_

(15) 今夜、私を野球の試合に連れていってくれませんか。
(1 take   2 will   3 me   4 to   5 you) the baseball game tonight ?
1 _1_ _3_   2 _1_ _4_   3 _5_ _3_   4 _5_ _4_

(16) 演奏会にお招きいただきありがとうございます。
Thank you very (1 me   2 for   3 much   4 inviting   5 to) the concert.
1 _2_ _1_   2 _1_ _4_   3 _5_ _2_   4 _5_ _4_

(17) どの絵が一番好きですか。
Which (1 like   2 do   3 painting   4 you   5 best) ?
1 _2_ _3_   2 _2_ _1_   3 _4_ _2_   4 _1_ _2_

94

> 解説

解答

(12) 【完成文】How many **rooms** does **this** hotel have?
【解説】「このホテルはいくつの部屋を持っていますか」のように表現するので、How many ~「いくつの」で始める。一般動詞 have の文で、主語は三人称単数なので does を使って疑問文を作る。

1

(13) 【完成文】He showed **me** some **of** his stamps in his room.
【解説】show A(人) B(物)「A に B を見せる」。ここでは A=me、B=stamps。「切手を何枚か見せてくれた」は「彼の（所有するすべての）切手のうちの何枚か(some of his stamps)を見せてくれた」と表現する。

2

(14) 【完成文】I helped **my** mother **with** a washing this morning.
【解説】help「手伝う」は help A(人) with B(ことがら)「B について A を手伝う」のように使う。ここでは A=my mother、B=a washing となる。

4

(15) 【完成文】Will **you** take **me** to the baseball game tonight?
【解説】Will you ~?「~してくれませんか」は相手に頼む時の表現。Would you ~?は、Will you ~?よりもていねいな依頼の気持ちを示す。take A to B「A を B に連れていく」。

3

(16) 【完成文】Thank you very much **for** inviting **me** to the concert.
【解説】お礼の理由は for ~で表す。invite A to B「A を B に招待する」。「(私を)お招きいただき」ということなので inviting me とする。「演奏会に」は to the concert。

1

(17) 【完成文】Which painting **do** you **like** best?
【解説】「どの絵~?」は Which painting ~?。一般動詞 like を使った疑問文なので、do を主語の前に出す。「~が一番好き」は like ~ best。

2

COLUMN

外国の標識・標示

外国の看板や標識を見て、知っている英単語を増やしてみましょう。

次の3つのアメリカの交通標識を見て、何を示しているのか日本語で書いてください。参考のために英語の説明も添えておきます。

1 One Way
2 No Entry
3 Road Work Ahead

＜答え＞ 1.「一方通行」 2.「進入禁止」 3.「前方道路工事中」

次の3つの標識は何かの施設を表しています。施設の名前を英語で書いてください。

1
2
3

＜答え＞ 1 Gas station「ガソリンスタンド」 2 Information「案内所」 3 Library「図書館」

最後は、3つの標識の意味を示す英語をa～cから選び日本語で書いてください。

1
2
3

a. Handicapped Access   b. First Aid   c. Picnic Area

＜答え＞ 1 b.「救護所」 2 a.「身体障害者用通路」 3 c.「ピクニック地区」

第4章 長文の内容一致選択

- 解答のコツ
- 長文の内容一致選択

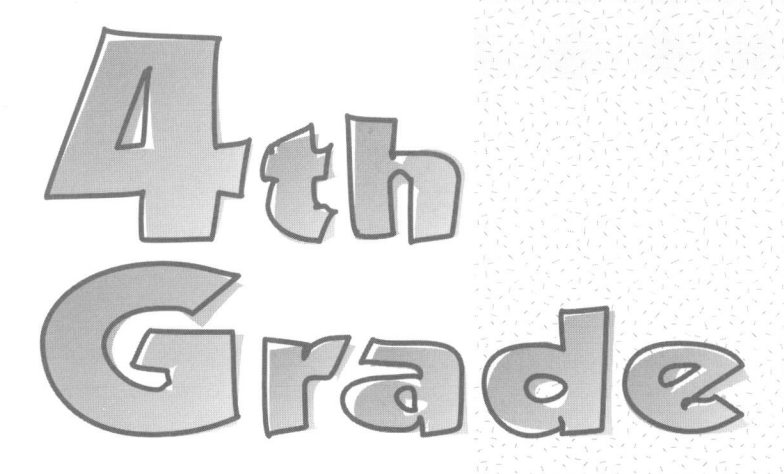

長文の内容一致選択

解答のコツ

「物語・手紙・E-mail・掲示・メモ・広告」などを題材とした長文問題です。3つないし4つの題材から、計10問が質問されます。
問題となる題材別に解答のコツを見ていきましょう。

Point1 物語文

日本人と外国人の文化交流などについて書かれたエッセイ風の英文が多くとりあげられます。文中に出てくる固有名詞（人名、地名など）は、必ずといっていいほど質問に関係します。本文を読む時に○で囲んでチェックする癖をつけましょう。

Point2 手紙文

手紙では、I や you などの代名詞が頻繁に出てきます。それがだれをさしているのかを把握しておかないと、本文の内容を正確に読み取ることは難しいです。

手紙には、本文の前に Dear～「親愛なる～さんへ」と書く場合がほとんどです。ここから手紙の受取主（you）がわかります。また、手紙の最後には送り主（I）の名前が書いてあります。手紙の問題では、まず手紙の最初と最後に書いてある名前を見るようにしましょう。

Point3 E-mail

E-mailの問題を解くコツは、手紙と同じく代名詞がさす人物を明確に理解することです。E-mailの書式は手紙の書式と違いますので、下の例文を見てどこに何が書いてあるのかを覚えておきましょう。

```
(1)宛先      To : Yoko Tamura <ytam@abcnet.ne.jp>
(2)送信者    From : Kevin Lawson <klawson@netxyz.ne.jp>
(3)送信日時  Date & Time : June 11, 20XX 16:28
(4)件名      Subject : My weekend

            Hi, Yoko.  I went to Shiga Highland in Nagano with
            my family over the weekend. （以下省略）
```

Point 4 掲示

　私たちが日常生活でよく目にする、さまざまな掲示板に関する問題です。遊園地、動物園の入口に掲示してある「入場に関する注意事項」などが問題として考えられます。入場料や開園時間など、質問されそうな情報を見逃さないようにしましょう。
　下の単語は掲示板でよく使われる単語なので覚えておいてください。
admission「入場料」、free「無料」、opening hours「開園時間」、baggage「手荷物」、disabled「身体障害の」、security「安全、警備」、include「含む」、senior「年上の〜」、junior「年下の〜」

Point 5 メモ

　留守中にあった電話の伝言メモなどの問題です。伝言メモは、必要な情報だけが書かれた走り書きが多く、通常の英文に比べて単語がかなり省かれていることが特徴です。メモの内容をイメージして、不足した単語を補いながら本文を読むことが大切です。

Point 6 お知らせ

　工事のお知らせや学校の行事連絡を扱った問題です。本文を読む際にチェックしておきたい項目が「日時」です。例えば、「○月○日の○時から〜があります」という内容が質問になりやすいので、注意しましょう。

Point 7 広告

　広告の問題で質問されやすいのが、What advertisement is this ?「これは何の広告ですか」です。
　広告では、その商品のセールスポイントがキャッチコピーとして大きな文字で書いてある場合が多いので、まずキャッチコピーを読んで商品内容をイメージしましょう。

長文の内容一致選択

物語文

次の英文を読んで、質問に対する答えとして最も適切なものを1、2、3、4の中から一つ選びなさい。

Jack's Part-Time Job

Jack's father works in Chicago. It is April now. His family came to Chicago last month. They'll stay here for two years.

Jack became friends with Jane and Tom. When they came to Jack's house, they told him something interesting. They work part-time after school. Jane does a baby-sitting. Tom sells soft drinks in *the baseball stadium. They talked about their part-time jobs.

In the US, many boys and girls have these kinds of job. Jack started a part-time job with Tom. When Jack and Tom sell soft drinks, they walk around in the baseball stadium during the game.

They work after school. In the morning, of course, they work hard in school.

Jack and Tom now like this job, because they can work together and can save money for their trip to California during the next summer vacation.

* a baseball stadium 「野球場」

(1) When did Jack's family come to Chicago?
   1. Yesterday.
   2. For two years.
   3. In school.
   4. In March.

(2) What kind of part-time job does Jane have?
   1. Selling newspapers.
   2. A baby-sitting.
   3. Going to California.
   4. Working in the station.

(3) Where do Jack and Tom work?
   1. In the baseball stadium.
   2. In the neighbor's house.
   3. At Jack's house.
   4. On the side of the street.

(4) When do Jack and Tom do their part-time job?
   1. In the morning.
   2. After school.
   3. In April.
   4. Next summer.

(5) When are they going to California?
   1. In their school.
   2. Near the station.
   3. During the next summer vacation.
   4. For two years.

【長文の内容一致選択】 物語文　解答と訳

解説

(1) 【設問訳】ジャックの一家が、シカゴに来たのはいつですか。
【解説】第1段落には It is April now.「今は4月」とある。ジャックの一家がやってきたのは4月から見て last month「先月」だから、April の前の月で March「3月」が答えになる。

解答：4

(2) 【設問訳】ジェインは、どんなアルバイトをしていますか。
【解説】第2段落の4番目と5番目の文章が、アルバイトの内容について述べている。ジェインは a baby-sitting「子守」で、トムは清涼飲料の販売である。**3.** の「カリフォルニアに行くこと」は、ジャックとトムの夏休みの計画。

解答：2

(3) 【設問訳】ジャックとトムは、どこで働いていますか。
【解説】第3段落の3番目の文章を読むと、2人が清涼飲料を売る場所は、野球場であることがわかる。

解答：1

(4) 【設問訳】ジャックとトムは、いつアルバイトをしていますか。
【解説】第4段落の最初の文章を読むと、放課後の午後に、野球場でアルバイトをすることがわかる。**1.** の「午前中に」は学校で勉強である。**4.** の「今度の夏に」は、貯めたお金でカリフォルニアに旅行する予定である。

解答：2

(5) 【設問訳】彼らは、いつカリフォルニアに行きますか。
【解説】最後の段落の終わりの部分に during the next summer vacation「次の夏休みの間に」とあり、これが答えである。**4.** の「2年間」は、ジャックの一家がシカゴに住む予定期間である。

解答：3

解答と訳

訳 ジャックのアルバイト

　ジャックのお父さんは、シカゴで働いています。今は4月です。ジャックの一家は先月シカゴにやってきました。彼らは2年間ここで暮らす予定です。
　ジャックは、ジェインとトムと親しくなりました。彼らがジャックの家にやってきた時、おもしろいことをジャックに教えてくれました。彼らは放課後にアルバイトをしているのです。ジェインは子守をしています。トムは野球場で清涼飲料を売っています。彼らは、そのアルバイトのことについて話しました。
　アメリカでは多くの男の子や女の子が、このような仕事をしています。ジャックは、トムといっしょのアルバイトを始めました。ジャックとトムが清涼飲料を売る時には、試合中に野球場の中を歩き回ります。
　彼らは放課後にこの仕事をします。午前中はもちろん学校で一所懸命に勉強をします。
　ジャックとトムは、今はこの仕事が気に入っています。いっしょに働けて、次の夏休みの間のカリフォルニア旅行のお金を、貯めることができるからです。

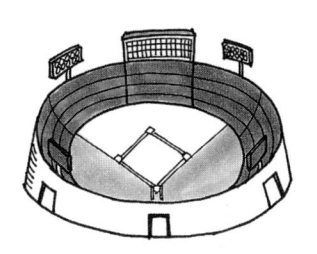

覚えておきたい単語・熟語

1 part-time job	アルバイト	7 something	何か
2 work in ～	～で働く	8 talk about ～	～について話す
3 last（month）	この前の（月）	9 these kinds of ～	このような種類の～
4 stay	とどまる・いる・滞在する	10 walk around	歩き回る
5 become friends with ～	～と親しくなる	11 during ～	～の間
		12 of course	もちろん
6 tell A ～	A（人）に～を話す・教える	13 save money for ～	～のためにお金を貯める

長文の内容一致選択 手紙文

June 20

Dear Peter and Mary,

　Hello, how are you ? Did you have a good trip back to London ?

　I'm glad both of you came to Japan on your way home from Sydney this summer. Thank you for the talk about your trip at the soba noodle shop. I especially enjoyed the stories about your sightseeing in Tokyo. I learned a lot of new things about Tokyo "in English".

　I want to be able to speak English better, because I would like to work in foreign countries someday. So I'm happy I could become friends and talk with you.

　I hope you're coming back to Japan again next year. Maybe you will be able to speak Japanese better and I will be able to speak English a little better then.

　Good-bye.

Take Care,
Daisuke

(1) Where did Peter and Mary go from Japan ?
   1. To Sydney.
   2. To London.
   3. To foreign countries.
   4. In English.

(2) Where did Peter and Mary have a talk with Daisuke ?
   1. In foreign coutries.
   2. In Japanese.
   3. At the soba noodle shop.
   4. In English.

(3) What stories did Daisuke especially enjoy ?
   1. About the life in London.
   2. About the soba noodle shop.
   3. About sightseeing in Tokyo.
   4. About sightseeing in Sydney.

(4) What does Daisuke want to do in foreign countries ?
   1. To go to London.
   2. To work.
   3. To speak English better.
   4. To talk with Peter and Mary.

(5) What will Daisuke be able to do next year ?
   1. To speak English a little better.
   2. To come back to Japan.
   3. To teach Japanese life.
   4. To speak foreign languages.

【長文の内容一致選択　手紙文　解答と訳】

解説

(1) 【設問訳】ピーターとメアリーは、日本からどこに行きましたか。
【解説】手紙文の第1段落では「ロンドンに戻る旅のこと」をたずねている。日本に寄ってからロンドンへ帰ったのである。**1.**のシドニーは、日本に来る前の訪問地。

解答　2

(2) 【設問訳】ピーターとメアリーは、どこでダイスケと話しましたか。
【解説】第2段落の2番目の文章には「そば屋で」とある。soba「そば」だけでは、英語を母国語とする人にはわかりにくい。noodle「麺」という言葉を加えるとわかりやすい。

解答　3

(3) 【設問訳】ダイスケは、特にどの話が楽しかったのですか。
【解説】第2段落の3番目の文章に「東京での観光の話」とある。**1.**のロンドンはピーターとメアリーの住んでいる場所、本文ではその話について触れられていない。**2.**のそば屋は彼らが話した場所である。

解答　3

(4) 【設問訳】ダイスケは外国で何をしたいのですか。
【解説】第3段落の最初の文章に「いつか外国で働きたいから」とある。**3.** To speak English better. は外国で働くためにできるようになりたいことである。

解答　2

(5) 【設問訳】来年には、ダイスケは何ができるようになるのですか。
【解説】最後の文章で「今度会うころには少し英語がうまく話せるようになっているでしょう」とある。can は助動詞なので、未来を表す助動詞 will のあとにはつかない。「できるだろう」は will be able to と表す。

解答　1

解答と訳

6月20日

訳　ピーターとメアリーへ

こんにちは、お元気ですか。ロンドンに戻る旅はどうでしたか。

２人が今年の夏に、シドニーからの帰国の途中に日本に寄ってくれてうれしかったです。そば屋でぼくに２人の旅の話をしてくれてありがとう。ぼくは特に、東京での観光のお話が楽しかったです。東京についてのたくさんの新しいことを「英語で」知ることができました。

ぼくはいつか外国で働きたいと思っているので、もっと英語を上手に話せるようになりたいのです。だから、あなたたちと友だちになって話ができて幸せです。

来年あなたたちが、もう一度日本に来てくれたらいいなと思います。たぶんその時には、あなたたちは日本語がもっとうまくなっていて、ぼくもほんの少し英語がうまくなっているでしょう。

さようなら。

お元気で
ダイスケ

覚えておきたい単語・熟語

1 how are you?	ご機嫌いかがですか。	9 a lot of	たくさんの
2 trip	旅行	10 be able to ~	~できる
3 back to ~	~へ逆戻りの	11 better	よりよく（wellの比較級）
4 glad	うれしい		
5 both of ~	~の両方	12 would like to ~	~したいと思う・~したいものだ
6 on one's way home from ~	~からの帰り道に	13 foreign	外国の
7 especially	特に	14 someday	いつか
8 learn	学ぶ・習い覚える	15 be happy (that) ~	~して幸せだ

長文の内容一致選択 （E-mail）

To: Yoko Tamura <ytam@abcnet.ne.jp>
From: Kevin Lawson <klawson@netxyz.ne.jp>
Date & Time: June 11, 20XX 16:28
Subject: My weekend

Hi, Yoko. I went to Shiga Highland in Nagano with my family over the weekend. We went there by car. We played tennis in the daytime, and stayed at a lodge for the night. I really enjoyed this weekend. How about you?

To: Kevin Lawson <klawson@netxyz.ne.jp>
From: Yoko Tamura <ytam@abcnet.ne.jp>
Date & Time: June 11, 20XX 21:32
Subject: RE: My weekend

Hi, Kevin. Thank you for your mail. It sounds like you had a good time. I went to a Japanese restaurant with my parents yesterday. We ate Tempura. It was very delicious. Have you ever eaten Tempura?

To: Yoko Tamura <ytam@abcnet.ne.jp>
From: Kevin Lawson <klawson@netxyz.ne.jp>
Date & Time: June 12, 20XX 16:07
Subject: the Japanese restaurant

Hi, Yoko. I like Tempura. It's one of my favorite foods! By the way, will you tell me where that Japanese restaurant is? My friend is coming to Japan from London next month. So I want to take him there. Please.

(1) Where did Kevin stay in Shiga Highland ?
   1. At a hotel.
   2. At a lodge.
   3. At a Japanese restaurant.
   4. At his parents' house.

(2) What did Yoko do on June 10 ?
   1. She went for a drive.
   2. She played tennis.
   3. She went to a Japanese restaurant.
   4. She ate sushi.

(3) What does Kevin want to know ?
   1. The location of the Japanese restaurant.
   2. Taste of Tempura.
   3. The telephone number of the Japanese restaurant.
   4. The price of the tempura dish.

【長文の内容一致選択 E-mail 解答と訳】

解説

解答

(1) 【設問訳】志賀高原でケビンはどこに泊まりましたか。
【解説】E-mail の問題では、まず誰が誰に送信したメールであるのかをはっきりさせておこう。本文の前に表示されるフォームで To（宛先）、From（送信者）を見ればよい。ヨウコに送ったケビンの最初のメールに、stayed at a lodge とある。

2

(2) 【設問訳】ヨウコは6月10日に何をしましたか。
【解説】ヨウコから6月11日に送られた返信メールに、I went to a Japanese restaurant with my parents yesterday.「昨日、両親と和食のレストランに行った」と書かれている。6月11日から見た昨日は、6月10日のことなので **3.** が正解。

3

(3) 【設問訳】ケビンは何を知りたがっていますか。
【解説】最後のメールでケビンは、ヨウコの行った和食のレストランがどこにあるのか教えてほしい、と頼んでいる。**1.** の location の意味は「位置、場所、所在地」。**4.** の price は「価格、値段」、the tempura dish は「てんぷら料理」の意味。

1

解答と訳

> **訳**
>
> 宛先：ヨウコ・タムラ＜ytam@abcnet.ne.jp＞
> 送信者：ケビン・ローソン＜klawson@netxyz.ne.jp＞
> 送信日時：20XX年6月11日16時28分
> 件名：ぼくの週末
>
> こんにちは、ヨウコ。ぼくは週末を通して、家族で長野の志賀高原に行ったよ。車で行ったんだ。ぼくたちは日中にテニスをして、夜はロッジに泊まったよ。とっても楽しい週末だったよ。君はどう？

> 宛先：ケビン・ローソン＜klawson@netxyz.ne.jp＞
> 送信者：ヨウコ・タムラ＜ytam@abcnet.ne.jp＞
> 送信日時：20XX年6月11日21時32分
> 件名：返信：ぼくの週末
>
> こんにちは、ケビン。メールありがとう。楽しかったようね。私は昨日、両親と和食のレストランに行ったのよ。てんぷらを食べたの。とってもおいしかったわ。てんぷら食べたことある？

> 宛先：ヨウコ・タムラ＜ytam@abcnet.ne.jp＞
> 送信者：ケビン・ローソン＜klawson@netxyz.ne.jp＞
> 送信日時：20XX年6月12日16時7分
> 件名：和食のレストラン
>
> こんにちは、ヨウコ。てんぷらは好きだよ。ぼくの大好きな食べ物のひとつさ。ところで、その和食のレストランはどこにあるのか教えてくれる？来月ロンドンから友だちが来るんだ。だから、そのレストランへ連れて行きたいと思って。お願いするよ。

覚えておきたい単語・熟語

1 weekend	週末	7 ate	eat「食べる」の過去形。過去分詞は eaten。
2 by car	車で		
3 daytime	日中		
4 lodge	ロッジ	8 delicious	おいしい
5 sound(like ～)	(～に)聞こえる	9 favorite	好きな・お気に入りの
6 parents	両親	10 by the way	ところで

長文の内容一致選択 (掲示)

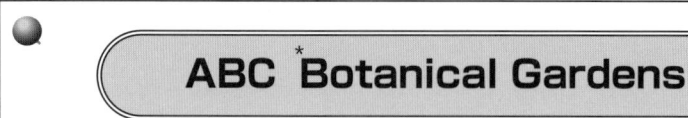

ABC Botanical Gardens

Admission
- Adults ·················· $6
- Senior Citizens (65 and over) ····· $4
- Students (13 to 18) ············ $3
- Juniors (7 to 12) ············ $2
- 6 and under ················ Free

Hours
- Monday to Saturday ········ 9 a.m. - 5 p.m.
- Sunday and Holiday ········ 8 a.m. - 6 p.m.

* botanical garden「植物園」

(1) How much does a 70-year-old man need to pay to get in the botanical garden?
1. $6.
2. $4.
3. $3.
4. $2.

(2) What time does the botanical garden close on Thursday?
1. At 9:00 p.m.
2. At 8:00 p.m.
3. At 6:00 p.m.
4. At 5:00 p.m.

解答と訳

解説

(1) 【設問訳】70歳の男性が植物園に入園するのにいくら必要ですか。
【解説】Admissionで入園料を見る。大人は6ドルだが、65 and over「65歳以上の人」は、senior citizens「高齢者」なので、敬老割引が受けられ、4ドルで入園できる。

解答

2

(2) 【設問訳】植物園は木曜日は何時に閉園しますか。
【解説】Hoursで開園している時間を見る。Monday to Saturday「月曜日から土曜日」の開園時間は、午前9時から午後5時なので**4.** が正解。

4

訳

ABC植物園

入場料

大人	6ドル
高齢者(65歳以上)	4ドル
学生 (13歳から18歳)	3ドル
子供 (7歳から12歳)	2ドル
6歳以下	無料

開園時間

月曜日から土曜日	午前9時〜午後5時
日曜日と祝日	午前8時〜午後6時

覚えておきたい単語・熟語

1 admission	入場料	4 junior	年少者
2 adult	大人	5 citizen	市民・人民
3 senior	年上の	6 free	無料の

長文の内容一致選択 （メモ）

> 2 : 10 p.m.
>
> Mom,
>
> 　Mrs. Lewis called. About tomorrow's shopping.
>
> 　Meet in front of XYZ Store at 10:30 a.m.
>
> 　If any question, call her back.
>
> 　　　　　　　　　　　　　　　　Kate

(1) Who received the phone call?
　1.　Mrs. Lewis.
　2.　Kate's mother.
　3.　Kate.
　4.　XYZ store.

(2) Kate's mother can't arrive at XYZ Store at 10:30 a.m. tomorrow. What should she do?
　1.　She should visit Mrs. Lewis's house.
　2.　She should wait for another phone call from Mrs. Lewis.
　3.　She should give a phone call to Mrs. Lewis.
　4.　She should go home with Mrs. Lewis.

解答と訳

解説　　　　　　　　　　　　　　　　　　　　解答

(1) 【設問訳】誰が電話を取りましたか。
【解説】電話の伝言メモ。メモは、特にプライベートの場合、必要最小限のことしか書かない走り書きになる。決まり切った単語は省かれ、文が不完全な場合もある。それを読み取るには足りない言葉を補うことが大切。電話を受けた者は、通常末尾に署名をする。メモの最後にある Kate が Mrs. Lewis の電話を受けたのである。

3

(2) 【設問訳】ケイトのお母さんは明日午前10時30分にXYZストアに着けない。彼女はどうするべきか。
【解説】ケイトのお母さんが、ルイス夫人の指定した時刻に待ち合わせ場所へ行けない場合の対処法。メモに If any question, call her back.「何かあったら、彼女に折り返し電話をしてください。」とある。電話をして対応を考えればよいのである。call back「(人に)電話をかけ直す」。

3

訳

> 午後2時10分
> お母さんへ、
> ルイス夫人から電話あり。明日の買い物について。
> XYZストアの前で午前10時30分に待ち合わせ。
> 何かあったら電話くださいとのこと。
> 　　　　　　　　　　　　　　　　　　ケイト

通常の英文に直した場合

2:10 p.m.
To Mom,
There was a telephone call from Mrs. Lewis. It was about tomorrow's shopping. She will meet you in front of XYZ Store at 10:30 a.m. If you have any question, please call her back.
　　　　　　　　　　　　　　　　　　　　　　Kate

長文の内容一致選択 お知らせ

Dear Mr. and Mrs. Robinson :
Mami and Ken Eto have moved !

Where we were:
Green House 503
1-22-13 Otowa, Bunkyo-ku, Tokyo 112-0013
Tel/Fax 03-3943-××××

Where we are now :
8-17 Tenjin Nishimachi, Kita-ku, Osaka 530-0045
Tel/Fax 06-6313-××××

When you come to Japan, you must stay with us.
We have easy access to Kobe and Kyoto !

(1) Who wrote this letter ?
  1. Mr. Robinson.
  2. Mrs. Robinson.
  3. Mr. and Mrs. Robinson.
  4. Mami and Ken.

(2) Where does Mami live now ?
  1. In Tokyo.
  2. In Kyoto.
  3. In Osaka.
  4. In Kobe.

解答と訳

解説

(1) 【設問訳】誰がこの手紙を書きましたか。
【解説】簡単な引っ越しのお知らせ文である。ファックスやカードならこの程度の通知文でも構わない。Mami and Ken Eto have moved!「江藤ケンとマミは引っ越しました」がタイトルとなっている。Robinson はこのお知らせ文を受け取る相手。

解答 4

(2) 【設問訳】マミは今どこに住んでいますか。
【解説】Where we were で旧住所、Where we are now で新住所を記している。be 動詞が were（過去形）、are（現在形）になっている点に気づこう。英語で住所を表す場合、(マンション名→) 番地→町名→都市名…と、日本語と逆の順番になる。

解答 3

訳

ロビンソン夫妻へ
江藤ケンとマミは引っ越しました!

旧住所
〒112-0013
東京都文京区音羽1-22-13　グリーンハウス503
電話/ファックス (03) 3943-××××

新住所
〒530-0045
大阪市北区天神西町8-17
電話/ファックス (06) 6313-××××

日本にお越しの際は、ぜひわが家にとまってください。神戸や京都にも出かけやすいです!

覚えておきたい単語・熟語

| 1 move | 移動する・転居する | 2 access | 接近・近づく方法 |

長文の内容一致選択　広告

> **Don't be afraid of Japanese !**
>
> Private Japanese lesson
> From beginners
> Experienced female teacher
>
> **Mon-Fri $10/h**
> Ring Keiko : **081-209-21247**
> (Anytime after 8:30p.m.)

(1) What *advertisement is this ?
　1. Piano lesson.
　2. Car for sale.
　3. Job offer.
　4. Japanese lesson.

* advertisement「広告」

(2) How can you contact the *advertiser ?
　1. E-mail.
　2. Letter.
　3. Telephone.
　4. Fax.

* advertiser「広告主」

解答と訳

解説 / 解答

(1) 【設問訳】これは何の広告ですか。
【解説】広告の冒頭の Don't be afraid of Japanese！（日本語を怖がらないで）はキャッチコピー。そのあとに日本語の個人レッスンであると書かれている。宣伝のための文句と必要な情報を区別しよう。
2. for sale「売り物の」。3. job offer「求人」。

解答：4

(2) 【設問訳】どうやって広告主に連絡をとることができますか。
【解説】広告の最後に「ケイコまで電話をください」とあり、電話番号が書かれている。ring のほかに、phone、telephone、call、phone call などと書いてあっても同じこと。4. fax. は facsimile の略。

解答：3

第4章 長文の内容一致選択

訳

日本語を怖がらないで!
日本語個人レッスン
初心者から
経験豊富な女性教師

月曜日から金曜日まで　1時間10ドル
ケイコまで電話を：081-209-21247
（午後8時30分以降、いつでも）

覚えておきたい単語・熟語

1 be afraid of〜	〜を怖がる	4 experienced	経験豊富な
2 private	個人の	5 female	女性の
3 beginner	初心者	6 ring	電話をかける

COLUMN

英語のことわざ

　英語圏の国々、特にアメリカには、人をはげまして、やる気にさせる言葉が多くあります。それは、自分で力をつけて生き抜き、やり抜かなければならない社会なので、多くの人がそのような言葉を必要とするのでしょう。
　アメリカという厳しい競争社会が生んだ「ことわざ」ともいえるものを紹介しましょう。

　Thomas Alva Edison（トーマス・アルバ・エジソン）は、日本でいえば明治時代のころに活躍したアメリカの天才発明家です。エジソンはその伝記の中で、仕事の成功の秘けつを友人に聞かれて、

**　　　It's just plain hard work that does it.**

と答えています。just は次の語句の意味を強めています。plain「はっきりした・普通の」、does it「それをする」とは「発明という仕事を成功させる」ことを示します。つまり、

**　成功したのは、まったく普通のことを一所懸命にやったからだよ。**

　と言ったのです。

　勇気を奮い立たせる次のような言葉もあります。単語はやさしいので、まずは自分で日本語に直してみましょう。

If at first you don't succeed, try again and again until you finally succeed.

＊at first「初めは」、succeed「成功する」、finally「最後に」

もし初めのうちはうまくいかなくても、何度も何度もやってみなさい。すると最後にはうまくいくのです。

第5章

リスニング問題

- ⚠ 解答のコツ
- 💿 会話の応答文選択
- 💿 会話の内容一致選択
- 💿 文の内容一致選択

4th Grade

リスニング問題

解答のコツ

試験は3部門に分かれていますが、どのような形式の問題でも

英文が放送される前に、あらかじめイラストや答えの選択肢すべてに目を通す

ことがポイントになります。イラストや答えの選択肢を見ておけば、どのような話になりそうかを予想できるからです。

つまり英語を聞く前から、リスニングの試験は始まっているのです。

さて、それ以外のポイントを第1～3部のそれぞれについて述べます。

✎ Point 1　会話全体の流れを聞き取って答えを選ぼう

〈例題1〉第1部　会話の応答文選択
【イラスト】

【放送される英文】
"Can you go swimming today ?"
"Sure."
"How about three o'clock ?"
"(　　　　)"

【訳】
「今日泳ぎに行かない？」
「もちろん行くわ。」
「3時にどうかな。」
「わかったわ。じゃああとで。」

【放送される答えの選択肢】
1. O.K. See you then.　　2. I'm busy today.
3. Yes. It's three years.

（正解 1）

　イラストを見ながら会話と選択肢を聞いて、その会話の最後の応答文を選ぶ問題です。

　上の例題では、"How about three o'clock ?"だけ聞けば、その答えは 1. の O.K. See you then.「いいよ。じゃあその時ね」、2. I'm busy today.「今日は忙しいんだ（だから行けないよ）」のどちらでもよいことになります。ポイントは、その前の "Sure." を聞き落とさず、「話し手は行くつもりなんだな」と察知することです。肯定の答えが正解ですから、1. の O.K.…を選びます。

Point 2　設問の疑問詞の部分に的をしぼって聞き取ろう

〈例題2〉第2部　会話の内容一致選択
【放送される英文】
"Mom, I'll be home at five in the evening."
"O.K. Dinner is at 6:00."
"Can we go out for pizza?"
"No. We went out last night."
【放送される設問】
Where will they have dinner tonight?
【答えの選択肢】
1. At a restaurant.　2. At 6:00.　3. At home.　4. Pizza.　（正解 3）

【訳】
「お母さん、夕方5時には帰るから。」
「わかったわ。夕食は6時ね。」
「ピザを食べに出かけるのはどう？」
「だめ。昨日の晩出かけたでしょ。」

上の例題は、会話の内容についての設問の答えを選ぶ問題です。
　まず答えの選択肢に目を通すと、1. と3. はwhere、2. はwhen、4. はwhatで始まる疑問文の答えだろうと想像がつきます。そのうえで会話を注意深く聞き、特に放送される設問が何で始まるかをしっかり聞き取ります。場所をたずねているのですから、答えは 1. At a restaurant.「レストランで」、3. At home.「家で」のいずれかです。Can we go out 〜？ に対してお母さんは No. と言っていましたから、答えは 3. とわかります。

Point 3　不規則動詞の過去形の発音を聞いて意味がわかるように！

〈例題3〉第3部　文の内容一致選択
【放送される英文】
Tetsuya bought a new camera yesterday. It's very small. He can put it in his pocket. He likes it very much.
【放送される設問】
What did Tetsuya buy?
【答えの選択肢】
1. A new camera.　2. His pocket.　3. He likes it.　4. It's very small.　（正解 1）

【訳】
テツヤは昨日、新しいカメラを買った。それはとても小さい。彼のポケットに入る。彼はそれがとても気に入っている。

　例題の英文をすべて聞き取る必要があります。bought が buy「買う」の過去形であることが、聞いただけでピンとこないと正解できません。特に次のような不規則動詞の過去形の発音には慣れておきましょう。カッコ内はその動詞の原形です。
　taught（teach）、went（go）、wrote（write）、forgot（forget）、felt（feel）、brought（bring）、got（get）、took（take）

会話の応答文選択

トラック2〜5

イラストを見て対話と選択肢を聞き、対話の最後の文に対する応答として最も適切なものを1、2、3の中から一つ選びなさい。

トラック3

No.1

No.2

No.3

No.4

目標タイム
1問あたり **10**秒

◆Point
会話の流れからテーマと状況をとらえよう

トラック4

No.5

No.6

No.7

No.8

第5章 リスニング問題

会話の応答文選択

トラック5

No.9

No.10

No.11

No.12

会話の応答文選択　解答と訳

トラック3

No.1

解説

いくつかのかばんが並んでいて、どの色の物にするのかをたずねている。ここでは直前の質問文の color「色」という言葉を聞き取るのがポイントである。

解答 1

【英文】
Clerk：How can I help you, sir ?
Man：Can you show me that bag ?
Clerk：Which color ?

【訳】
店員：いらっしゃいませ。
男性：あのかばんを見せてもらえませんか。
店員：何色の物でございますか。

【選択肢】
1. The green one.
2. The big one.
3. Two please.

【訳】
1. グリーンの物です。
2. 大きい物です。
3. 2つください。

No.2

解説

最後の Push this button ? は相手の説明を聞いてからもう一度確認している表現である。button を聞いてその意味がわからないと苦しい。

解答 2

【英文】
Man：Excuse me. How can I use this computer ?
Woman：First you push this button here.
Man：Push this button ?

【訳】
男性：あのー。このコンピュータは、どう使うのですか。
女性：まずここの、このボタンを押してください。
男性：このボタンを押すのですね。

【選択肢】
1. That's too bad.
2. That's right.
3. You're welcome

【訳】
1. それはお気の毒に。
2. その通りです。
3. どういたしまして。

会話の応答文選択　解答と訳

No.3

解説
相手にジェインがいつ帰宅するかをたずねている。話し言葉では多くの場合、必要なことしか言わない。答えは (She will be back) at about eight.

解答 1

【英文】
Boy：Hello, may I talk to Jane ?

Woman：Sorry, but she is out now.

Boy：When will she be back ?

【訳】
少年：もしもし、ジェインさんをお願いします。

女性：すみませんが、ジェインは今出かけています。

少年：いつ帰ってきますか。

【選択肢】
1. At about eight.
2. For two days.
3. Yes, she will.

【訳】
1. 8時ごろです。
2. 2日間です。
3. はい、彼女はそうするでしょう。

No.4

解説
How far is it ? は大阪駅までの距離をたずねている。get to ～「～へ到達する」。get off ～「(乗り物などを)降りる」。ここでの stop は「停留所」の意味で、the third stop は「3つ目の停留所」。

解答 2

【英文】
Man：Excuse me, but how can I get to Osaka station ?

Woman：Take the next bus and get off at the third stop.

Man：How far is it ?

【訳】
男性：すみませんが、大阪駅にはどのように行けばいいですか。

女性：次のバスに乗って、3つ目の停留所で降りてください。

男性：どのくらい離れていますか。

【選択肢】
1. It's eight o'clock.
2. It's about 2 kilometers.
3. Please go ahead.

【訳】
1. 8時です。
2. 2キロくらいです。
3. どうぞ行ってください。

解答と訳

トラック4

No.5

解説

最後の文にある、when、come、court をしっかり聞き取り、テニスコートで会う時刻を確認していることに気づこう。質問の答えとなるべき時刻を答えているのは、**3**. だけである。

解答 3

【英文】
Boy : Can you play tennis with me after school ?
Girl : Yes, of course.
Boy : When can you come to the court ?

【訳】
少年：放課後に、ぼくとテニスをしない？
少女：いいわよ。
少年：コートには何時に来られる？

【選択肢】
1. That's good.
2. No, I can't.
3. At about 3.

【訳】
1. それはいいですね。
2. いいえ、できません。
3. 3時ごろです。

No.6

解説

最後の質問の where、stay をはっきりと聞き取ることができれば、答えは簡単。宿泊する場所だから **1**. の (I am going to stay) at a hotel. が答えになる。

解答 1

【英文】
Girl : Are you going to go skiing in Hokkaido ?
Boy : Yes, I am.
Girl : Where are you going to stay ?

【訳】
少女：北海道にスキーに行くの？
少年：そうなんだ。
少女：どこに泊まるつもりなの？

【選択肢】
1. At a hotel.
2. At the station.
3. Yes, that's good.

【訳】
1. ホテルです。
2. その駅です。
3. はい、結構です。

第5章 リスニング問題

129

会話の応答文選択　解答と訳

No.7

解説

「ピアノを習うのはおもしろいですか」という質問に答える問題。learn は「習ってできるようになる」という意味。enjoy ～「～を楽しんでやる」。

解答　3

【英文】
Boy：Can you play the piano ?
Girl：I began to learn.
Boy：Do you enjoy it ?

【訳】
少年：ピアノは弾ける？
少女：習い始めたわ。
少年：おもしろい？

【選択肢】
1. No, I can't.
2. On Sundays.
3. Yes, of course.

【訳】
1. いいえ、できません。
2. 毎週日曜日です。
3. ええ、もちろんです。

No.8

解説

この場合、1. I think so, too. で「私もその先生はいいと思うわ」となる。How do you like ～ ? は、「～をどう思いますか」と相手の感想を求める表現。love「大好きだ」。

解答　1

【英文】
Boy：How do you like this science class ?
Girl：I love it.
Boy：Me, too. The teacher is very good.

【訳】
少年：この理科の授業はどう？
少女：大好きよ。
少年：ぼくも。先生がいいよね。

【選択肢】
1. I think so, too.
2. No, it isn't.
3. Yes, I am.

【訳】
1. 私もそう思います。
2. いいえ、そうではありません。
3. はい、私はそうです。

解答と訳

トラック5

No.9

解説

「夕食は何時に食べられるのか」という問いに対する答え。1. Around seven o'clock の around は「およそ」。3. Hamburger steak.は、質問が What are you cooking？や What can we have for dinner？であればありうる。

解答 1

【英文】
Son：I'm very hungry, Mom.
Mother：I'm cooking now.
Son：What time can we have dinner？

【訳】
息子：お母さん、ぼく、とってもおなかがすいているんだ。
母親：今、料理してますよ。
息子：何時に夕食が食べられるの？

【選択肢】
1. Around seven o'clock.
2. For fifteen minutes.
3. Hamburger steak.

【訳】
1. 7時ごろです。
2. 15分間です。
3. ハンバーグステーキです。

No.10

解説

How often～？は「どれくらいしばしば～しますか」と、頻度をたずねる表現。How many times～（a week、a yearなど）？を使ってもいい。have（または get）a haircut「散髪する」。

解答 2

【英文】
Girl：Did you have a haircut, Robby？
Boy：Yes, I did.
Girl：How often do you go to the barbershop？

【訳】
少女：ロビー、散髪した？
少年：うん、したよ。
少女：理髪店にはよく行くの？

【選択肢】
1. One week.
2. Once a month.
3. Three weeks ago.

【訳】
1. 1週間です。
2. 月に1度です。
3. 3週間前です。

会話の応答文選択 　解答と訳

解説

お礼を言われた時に返す言葉。Not at all.「全然（迷惑で）ない」と表現して「どういたしまして」の意。You are welcome. や That's O.K. などでもよい。

解答　1

No.11

【英文】
Woman：Could you tell me where the station is, please ?
Man：Just around the next corner.
Woman：Thank you so much.

【訳】
女性：駅がどこか教えてください。
男性：次の角を曲がったところですよ。
女性：どうもありがとう。

【選択肢】
1. Not at all.
2. Welcome home.
3. Yes, it does.

【訳】
1. どういたしまして。
2. お帰りなさい。
3. はい、そうです。

解説

I've just remembered it.「今思い出しました」つまり、「忘れていた」ということ。math の意味は「数学」で、mathematics の短縮形。math teacher「数学の先生」。

解答　1

No.12

【英文】
Girl：Did you bring your homework ?
Boy：Homework ?
Girl：Yes, our math teacher gave it to us yesterday.

【訳】
少女：宿題持ってきた？
少年：宿題？
少女：昨日、数学の先生が出したわよ。

【選択肢】
1. I've just remembered it.
2. I don't like math.
3. I've left my textbook at home.

【訳】
1. 今思い出しました。
2. 数学が好きではありません。
3. 教科書を家に置いてきてしまいました。

会話の内容一致選択
トラック6〜10

対話を聞き、その質問に対して最も適切なものを1、2、3、4の中から一つ選びなさい。

トラック7

No.1
1. Tom.
2. John.
3. Mayumi.
4. John's problem.

No.2
1. Tomorrow.
2. Tonight.
3. His library card.
4. His books.

No.3
1. Two tickets.
2. See the basketball game.
3. She loves the game.
4. See the baseball game.

No.4
1. At two in the afternoon.
2. For tea and cake.
3. She loves to come.
4. She cannot come.

会話の内容一致選択

トラック8

No.5
1. Behind the next building.
2. He doesn't know.
3. There's no bank around here.
4. Just around the next corner.

No.6
1. Betty's mother.
2. Betty's father.
3. At the department store.
4. $150.

No.7
1. Iced tea.
2. Orange juice.
3. Hot tea.
4. Apple juice.

No.8
1. It's raining.
2. It's fine.
3. It's not warm.
4. It's going to rain.

目標タイム 1問あたり 10秒

トラック9

No.9
1. The soccer team.
2. The baseball game.
3. The tiger in the zoo.
4. The basketball player.

No.10
1. Their examinations.
2. Their science teacher.
3. Their next term.
4. Their favorite subjects.

No.11
1. At the fast food restaurant.
2. At the tearoom.
3. In the kitchen.
4. At the hotel.

No.12
1. In July.
2. A visit to Hokkaido.
3. Air mails.
4. Traveling abroad.

第5章 リスニング問題

会話の内容一致選択

トラック10

No.13
1. At the hospital.
2. At the bus stop.
3. At the police box.
4. At the museum.

No.14
1. Happy.
2. Excited.
3. Sleepy.
4. Tired.

No.15
1. At school.
2. At the barber's.
3. At the ticket office.
4. At the post office.

No.16
1. They missed the bus.
2. Their camera is broken.
3. They left the camera on the bus.
4. They are poor at taking pictures.

会話の内容一致選択　解答と訳

トラック7

No.1

解説

「あなたのコンピュータを使っていいですか」とたずねているのはジョンなので、これが答えになる。certainly「もちろんいいですよ」。It's kind of you.「あなたは本当に親切ですね」。

解答　2

【英文】
A：May I use your computer for E-mail?
B：Certainly. Go ahead, John.
A：Thanks. It's kind of you, Mayumi.
B：No problem.
Question：Who will use the computer?

【訳】
A：Eメールしたいんだけどコンピュータを借りてもいいかな？
B：いいわよ。どうぞ、ジョン。
A：ありがとう。本当に助かるよ、マユミ。
B：どういたしまして。
設問：だれがコンピュータを使うのですか？

【選択肢の訳】
1. トム。　2. ジョン。　3. マユミ。　4. ジョンの問題。

No.2

解説

「図書館カードを忘れた」と言ったケンが、「本は借りられない」と返答されているから、必要なのは「図書館カード」である。borrow「(持ち運びのできる物を)借りる」。forgotはforget「忘れる」の過去形。

解答　3

【英文】
A：I forgot to bring my library card today.
B：Sorry, but you cannot borrow books, Ken.
A：I'll come back tomorrow.
B：All right.
Question：What does Ken need?

【訳】
A：今日は図書館カードを持ってくるのを忘れました。
B：残念だけれど、ケン、本を借りることはできませんよ。
A：明日また来ます。
B：それがいいですね。
設問：ケンは何が必要なのですか？

【選択肢の訳】
1. 明日。　2. 今晩。　3. 彼の図書館カード。　4. 彼の本。

会話の内容一致選択　解答と訳

No.3

解説

「チケットがあるから野球の試合を見にいかないか」という話の中心を聞き取る。I've got = I have got 。おおよそ have got = have と考えてよいが、have got は「手に入れた」という意味が強い。

解答 4

【英文】
A : Kyoko, I've got two tickets for the baseball game tonight.
B : Oh, have you?
A : Will you come with me?
B : Sure, Ken. I love the game.

Question: What will they do tonight?

【訳】
A : キョウコ、今晩の野球の試合のチケットが2枚あるんだけど。
B : 本当？
A : いっしょに行かない？
B : いいわよ、ケン。野球の試合は大好きなの。

設問：彼らは今晩何をするつもりですか。

【選択肢の訳】
1. 2枚のチケット。
2. バスケットボールの試合を見る。
3. 彼女は試合が好きです。
4. 野球の試合を見る。

No.4

解説

Will you ～?「～しませんか」は相手の気持ちをたずねる言い方。I love to (come).「ぜひ行きたい」。two in the afternoon は two p.m. でもよい。

解答 1

【英文】
A : Will you come to my house for tea and cake, Jane?
B : Yes, I'd love to.
A : Then can you come at two in the afternoon?
B : OK. I'll see you at 2.
Question : When will Jane come?

【訳】
A : ジェイン、ぼくの家に来て、お茶とケーキというのはどう？
B : ええ、うれしいわ。
A : じゃあ、午後2時に来られる？
B : ええ。それでいいわ。
設問：ジェインはいつ来ますか。

【選択肢の訳】
1. 午後2時に。
2. お茶とケーキをいただくために。
3. 彼女は来たがっている。
4. 彼女は来られない。

解答と訳

トラック8

No.5

解説

around here は「この周辺に」。around the cornerは「角を曲がったところに」で、just は強調。You're welcome. は相手の感謝の言葉に応える時の表現。

解答 4

【英文】
A：Excuse me, but is there a bank around here?
B：Yes, it's just around the next corner.
A：Thank you very much.
B：You're welcome.
Question：Where's the bank?

【訳】
A：すみませんが、この辺りに銀行はありますか。
B：ええ、次の角を曲がってすぐのところにありますよ。
A：ありがとう。
B：どういたしまして。
設問：銀行はどこにありますか。

【選択肢の訳】
1. となりの建物の裏側。
2. 彼は知らない。
3. この辺りに銀行はない。
4. 次の角を曲がってすぐのところ。

No.6

解説

How much～?は「～はいくらですか」で、値段をたずねる言い方。boughtはbuy「買う」の過去形。look wonderful「素晴らしく見える」。

解答 2

【英文】
A：How much was your dress, Betty?
B：$150. My father bought it for me.
A：It looks wonderful.
B：Thank you.
Question：Who bought the dress?

【訳】
A：君のドレスはいくらぐらいしたの、ベティ？
B：150ドルよ。お父さんが私に買ってくれたの。
A：素晴らしいドレスだね。
B：ありがとう。
設問：だれがそのドレスを買ったのですか。

【選択肢の訳】
1. ベティの母親。
2. ベティの父親。
3. デパートで。
4. 150ドル。

会話の内容一致選択　解答と訳

No.7

解説

something to drink「何か飲む物」。something を説明する言葉は後につける。例えば something to eat「何か食べる物」、something cold to drink「何か冷たい飲み物」となる。

解答　4

【英文】
A：Mom, can I have something to drink?
B：How about some iced tea, Jack?
A：Can I have some juice?
B：OK, we have some apple juice.

Question：What will Jack drink?

【訳】
A：お母さん、何か飲み物はないの?
B：アイスティーはどう、ジャック?
A：ジュースがほしいな。
B：いいわよ。リンゴジュースがあるわ。

設問：ジャックは何を飲みますか。

【選択肢の訳】
1. アイスティー。
2. オレンジジュース。
3. 温かいお茶。
4. リンゴジュース。

No.8

解説

How 〜?は様子をたずねる言い方。What is the weather like?も「天気はどうですか」の意味になる。yeah は yes のくだけた言い方。Really?と疑問の調子で言うと〈意外・疑い〉の気持ちを表現できる。

解答　2

【英文】
A：It's a fine day today.
B：And it's so warm.
A：Yeah, but it's going to rain tonight.
B：Really?

Question：How is the weather now?

【訳】
A：今日はいい天気だね。
B：それにすごく暖かいわね。
A：うん、だけど今晩は雨になるよ。
B：本当?

設問：今の天気はどうですか。

【選択肢の訳】
1. 雨が降っている。
2. 晴れている。
3. 暖かくない。
4. 雨が降るだろう。

解答と訳

トラック9

No.9

解説

設問内容が理解できて、最初の一文の baseball game さえ聞き取れれば、細かい部分は聞きもらしても答えられる。won は win「勝つ」の過去形。

解答 2

【英文】
A：Did you watch the baseball game yesterday?
B：Yes, I did. It was really exciting.
A：Which team won?
B：Tigers.
Question：What are they talking about?

【訳】
A：昨日の野球の試合見た？
B：うん、とてもわくわくしたよ。
A：どっちが勝ったの？
B：タイガースだよ。
設問：彼らは何について話していますか。

【選択肢の訳】
1. サッカーチーム。
2. 野球の試合。
3. 動物園のトラ。
4. バスケットボールの選手。

No.10

解説

終わったばかりの試験について話している。exam は examination の短縮形。出来があまりよくなかったので、次回に最善を尽くすと言っている。「理科の試験」は an exam in science または a science exam と言う。

解答 1

【英文】
A：How were the exams?
B：They were very difficult, especially in science.
A：That's right.
B：Anyway, I'll do my best for the next.
Question：What are they talking about?

【訳】
A：試験はどうだった？
B：とても難しかったよ。特に理科がね。
A：そうよね。
B：まあ、とにかく次回はがんばるよ。
設問：彼らは何について話していますか。

【選択肢の訳】
1. 試験。
2. 理科の先生。
3. 来学期。
4. 好きな教科。

141

会話の内容一致選択　解答と訳

No.11

解説

ファストフード店のカウンターでの注文場面。To stay or to go. は持ち帰りかどうかをたずねる表現。to go の代わりに to take out（おもにアメリカ）、to take away（おもにイギリス）とも言う。

解答　1

【英文】
A：I'll have two hamburgers, please.
B：Anything else ?
A：No, thanks.
B：To stay or to go ?
Question：Where are they talking now ?

【訳】
A：ハンバーガーを2つください。
B：ほかには？
A：結構です。
B：こちらで召し上がりますか、それともお持ち帰りですか。
設問：彼らは今、どこで話していますか。

【選択肢の訳】
1. ファストフード店で。
2. 喫茶店で。
3. 台所で。
4. ホテルで。

No.12

解説

北海道に行くことについての会話。いつ、何で行くかを話している。by air は「飛行機で・航空便で」だが、この場合、飛行機で行くことを言っている。

解答　2

【英文】
A：I have a plan to go to Hokkaido.
B：Really ? When ?
A：In August.
B：Are you going to go by air ?
Question：What are they talking about ?

【訳】
A：北海道に行く予定があるの。
B：そうなの？　いつ？
A：8月よ。
B：飛行機で行くの？
設問：彼らは何について話していますか。

【選択肢の訳】
1. 7月に。
2. 北海道への訪問。
3. 航空便。
4. 外国旅行。

解答と訳

トラック10

No.13

解説

What can I do for you ? と聞かれて、体の具合の悪い点を答えているので、医療関連の場所であると推測できる。have a fever「熱がある」。fever を temperature と言ってもよい。

解答 1

【英文】
A：What can I do for you ?
B：I have a fever.
A：Since when ?
B：Yesterday.
Question：Where are they talking now ?

【訳】
A：どうなさいましたか。
B：熱があるんです。
A：いつからですか。
B：昨日からです。
設問：彼らは今、どこで話していますか。

【選択肢の訳】
1. 病院で。
2. バス停で。
3. 交番で。
4. 博物館で。

No.14

解説

重い荷物を持ち歩いていて、これ以上歩けないのでタクシーを拾おうという状況。会話の調子からも答えはある程度判断できる。Why don't we ～？は、「～しない？」という勧誘の表現。

解答 4

【英文】
A：My baggage is very heavy.
B：Mine, too.
A：I can't walk any longer.
B：Why don't we get a taxi ?
Question：How do they feel now ?

【訳】
A：荷物がとても重いよ。
B：私のもよ。
A：もう歩けないよ。
B：タクシーを拾わない？
設問：彼らは今、どのように感じていますか。

【選択肢の訳】
1. 幸せである。
2. わくわくする。
3. 眠い。
4. 疲れている。

第5章 リスニング問題

会話の内容一致選択　解答と訳

No.15

解説

細かい数字は聞き取れなくても状況さえ把握できていれば答えられる。stamps「切手」、postcards「はがき」が耳に残り、その意味がわかれば、おのずと場面は特定できる。

解答　4

【英文】
A：Three stamps for these postcards, please.
B：Sure. Where to?
A：Japan.
B：Right. Let's see. That's two pounds forty, please.
Question：Where are they talking now?

【訳】
A：これらのはがきに必要な切手を3枚お願いします。
B：はい。どこに出すのですか。
A：日本です。
B：わかりました。見てみましょう。2ポンド40（ペンス）です。
設問：彼らは今、どこで話していますか。

【選択肢の訳】
1. 学校で。　2. 理髪店で。　3. チケット売り場で。　4. 郵便局で。

No.16

解説

missing「あるべきところにない（いない）」。同じ miss を使っていても 1. の miss the bus は「バスに乗りそこなう」。4. be poor at〜「〜が下手である」。

解答　3

【英文】
A：Let's take a picture here, Harumi.
B：That's a good idea. But where is your camera?
A：Oh! It's missing. I've left it on the bus.
B：That's too bad.
Question：What is their problem?

【訳】
A：ハルミ、ここで写真を撮ろうよ。
B：いいわね。でもあなたのカメラはどこ？
A：あっ、ない。バスに置き忘れたんだ。
B：それはいけないわ。
設問：彼らの問題は何ですか。

【選択肢の訳】
1. バスに乗りそこなった。
2. カメラが壊れている。
3. カメラをバスに置いてきた。
4. 写真を撮るのが下手である。

文の内容一致選択

トラック11〜14

英文を聞き、その質問に対して最も適切なものを1、2、3、4の中から一つ選びなさい。

トラック12

No.1
1. Because he went to the city.
2. Because it was last Sunday.
3. Because there are many good bookstores.
4. Because they liked the city.

No.2
1. In Japan.
2. In Germany.
3. Medicine.
4. Hiroko's brother.

No.3
1. Kitayama Park.
2. Suzan's dog.
3. Suzan's breakfast.
4. The parking lot.

No.4
1. They go swimming.
2. They go by bicycle.
3. Every weekend.
4. Fruit and sandwiches.

文の内容一致選択

トラック13

No.5
1. Because today is her father's birthday.
2. Because she cannot find a nice sweater.
3. Because her father doesn't like sweater.
4. Because she has no money.

No.6
1. She didn't like the T-shirt.
2. The T-shirt was too expensive.
3. She lost her purse.
4. There were no T-shirt in the shop.

No.7
1. Once a month.
2. Twice a week.
3. Once a week.
4. A music group.

No.8
1. Baseball.
2. Soccer.
3. In junior high school.
4. Basketball.

目標タイム 1問あたり 10秒

トラック14

No.9
1. Comic books.
2. An English dictionary.
3. A Japanese dictionary.
4. Near the station.

No.10
1. Boston.
2. New York.
3. A sweater.
4. His parents.

No.11
1. He walks.
2. By bus.
3. It's raining.
4. It's a fine day.

No.12
1. She didn't feel cold.
2. She didn't feel well.
3. She felt sad.
4. She felt hungry.

文の内容一致選択　解答と訳

トラック12

No.1

解説

答えの選択肢を見ると、すべて because で始まっている。質問は Why ～？と理由をたずねるものと想像できる。聞こえてくる英文の because の部分に注意しよう。the city は Tokyo をさす。

解答 3

【英文】
Ken's parents went to Tokyo last Sunday. His father liked the city, because there are many good bookstores in the city.
Question：Why did Ken's father like Tokyo？

【訳】
ケンの両親は、この前の日曜日に東京へ行った。お父さんはよい書店がたくさんあるので、東京が気に入った。
設問：ケンのお父さんはなぜ東京が気に入ったのですか。

【選択肢の訳】
1. 彼はその町に行ったから。
2. この前の日曜日だったから。
3. そこにはたくさんのよい書店があるから。
4. 彼らはその町が気に入っていたから。

No.2

解説

Where ～? という質問なので、場所を答える。speak German「ドイツ語を話す」練習はドイツに行ってからやろうという内容。

解答 2

【英文】
Hiroko's brother will go to Germany to study medicine. He read many German books in Japan. First of all, he will learn to speak German in Germany.
Question：Where will Hiroko's brother learn to speak German？

【訳】
ヒロコのお兄さん(弟)は、医学の勉強のためにドイツに行く。彼は日本で、たくさんのドイツ語の本を読んだ。ドイツではまず、ドイツ語の話し方を勉強するつもりだ。
設問：ヒロコのお兄さん(弟)はドイツ語の話し方をどこで習うつもりですか。

【選択肢の訳】
1. 日本で。
2. ドイツで。
3. 医学。
4. ヒロコのお兄さん(弟)。

解答と訳

No.3

解説

固有名詞が出てくるとそれだけが頭に残りがちだが、まずは全体の内容をとらえることが大事。keep ～「～を飼っている」。take ～「～を連れて（持って）いく」。look happy「幸せな様子である」。

解答
2

【英文】
Suzan keeps a very big white dog. She usually takes it to Kitayama Park before breakfast. The dog looks very happy in the park.

Question：What is talked about ?

【訳】
スーザンは、とても大きな白い犬を飼っている。彼女はたいてい朝食前に、その犬を北山公園へ連れていく。その犬は公園でとてもうれしそうにしている。

設問：何について話していますか。

【選択肢の訳】
1. 北山公園。
2. スーザンの犬。
3. スーザンの朝食。
4. 駐車場。

No.4

解説

ビーチへ持っていく品物を聞き取る。go ～ ing「～をしに出かける」。take～「～を持っていく」。a basketful of ～「かごいっぱいの～」。

解答
4

【英文】
In summer Jane and her sister go swimming every weekend. They go to the beach by bicycle. They take a basketful of fruit and sandwiches.

Question：What do they take to the beach ?

【訳】
ジェインとその姉(妹)は、夏には毎週末泳ぎにいく。2人は自転車でビーチに行く。バスケットにいっぱいの果物とサンドイッチを持っていく。

設問：彼女たちはビーチへ何を持っていきますか。

【選択肢の訳】
1. 彼女たちは泳ぎにいく。
2. 彼女たちは自転車で行く。
3. 毎週末。
4. 果物とサンドイッチ。

文の内容一致選択　解答と訳

トラック13

No.5

解説

happy は「幸せな」が一般的な意味だが、ここでは「楽しい気分の」の意味。a nice one は a nice white sweater をさす。

解答　2

【英文】
Betty wants to buy a birthday present for her father. She wants to buy a white sweater, but she cannot find a nice one. She is not happy now.
Question : Why is Betty not happy now ?

【訳】
ベティはお父さんの誕生日への贈りものを買いたいと思っている。彼女は白いセーターを買いたいのだが、よいものが見つからない。彼女は今、困っている。
設問：なぜ今、ベティは困っているのですか。

【選択肢の訳】
1. 今日はお父さんの誕生日だから。　2. よいセーターが見つからないから。
3. お父さんはセーターが好きではないから。　4. お金がないから。

No.6

解説

problem「(解決の難しい) 問題」。go shopping「買い物に行く」。
2. expensive「高価な」。too がつくと「買えないほど高い」になる。
3. purse は「財布（小銭入れ）」。

解答　2

【英文】
Lucy went shopping yesterday. She found a nice T-shirt. Its price was 3,000 yen. But she had only 2,000 yen.

Question : What was Lucy's problem?

【訳】
ルーシーは昨日、買い物に行きました。彼女はすてきなTシャツを見つけました。値段は3000円でした。でも、彼女は2000円しか持っていませんでした。

設問：ルーシーの問題は何でしたか。

【選択肢の訳】
1. そのTシャツが気に入らなかった。　2. そのTシャツの値段が高すぎた。
3. 財布をなくした。　4. 店にTシャツがなかった。

解答と訳

No.7

解説

How often ～ ? で〈回数・頻度〉をたずねる。練習をしているのは、every Sunday「毎週日曜」だから、**3**. が答えになる。

解答：3

【英文】
Tom likes playing the guitar. Jane likes playing the piano. They formed a music group, and practice every Sunday.
Question：How often do they practice ?

【訳】
トムはギターを弾くのが好きだ。ジェインはピアノを弾くのが好きだ。彼らは音楽グループを作って、毎週日曜日に練習をしている。
設問：彼らは何回くらい練習をしますか。

【選択肢の訳】
1. 月1回。
2. 週2回。
3. 週1回。
4. ある音楽グループ。

No.8

解説

中学生のジャックが今やっているのは野球。高校に進学してからは何をやりたいのかをたずねている。be going to ～「～に進む予定」。

解答：2

【英文】
Jack is in junior high school. There he plays baseball. Next year he will be in high school. He wants to play soccer in high school.
Question：What does Jack want to play in high school ?

【訳】
ジャックは中学生だ。そこでは、野球をやっています。来年は高校に進みます。高校ではサッカーをやりたいと思っています。
設問：ジャックは高校では何をしたいのですか。

【選択肢の訳】
1. 野球。
2. サッカー。
3. 中学校で。
4. バスケットボール。

文の内容一致選択　解答と訳

トラック14

No.9

解説

設問のカギとなる言葉は、What と buy である。「何を買うのかな？」と思いながら聞くと正解がわかり易い。near 〜「〜の近くに」。

解答 3

【英文】
Kiyoshi went to the small bookstore near the station. He wanted to buy a Japanese dictionary. But there were no dictionaries in the store.
Question : What did Kiyoshi want to buy ?

【訳】
キヨシは駅の近くの小さな本屋さんへ行った。国語辞典を買いたかったからだ。しかしその本屋さんには、辞書はなかった。
設問：キヨシは何を買いたかったのですか。

【選択肢の訳】
1. マンガの本。　　　　2. 英語の辞書。
3. 国語辞典。　　　　　4. 駅の近くで。

No.10

解説

buy A(人) B(物)「A に B を買ってやる」。質問文は同じことを buy B for A の語順で表現している。bought は buy の過去形。

解答 3

【英文】
Tom's parents live in Boston. Tom goes to college in New York. His parents went to see Tom. They bought him a warm sweater.
Question : What did Tom's parents buy for Tom ?

【訳】
トムの両親はボストンに住んでいる。トムは、ニューヨークの大学に通っている。両親は、トムに会いに出かけた。両親は、暖かいセーターをトムに買ってやった。
設問：トムの両親は、トムに何を買ってやりましたか。

【選択肢の訳】
1. ボストン。　　　　　2. ニューヨーク。
3. セーター。　　　　　4. 彼の両親。

解答と訳

No.11

解説

質問文の on a sunny day は聞こえてくる英文の on a fine day と同じと考えられる。drive「車を運転していく」、take the bus「バスに乗る」。

解答 1

【英文】
Keiko's father usually walks to work on a fine day. It's raining today. He will drive the car or take the bus.

Question：How does Keiko's father go to work on a sunny day？

【訳】
ケイコのお父さんは晴れた日にはたいてい歩いて出勤する。今日は雨が降っている。お父さんは車かバスに乗っていくつもりだ。

設問：ケイコのお父さんは、晴れた日にはどのようにして、出勤しますか。

【選択肢の訳】
1. 彼は歩く。
2. バスで。
3. 雨が降っている。
4. 晴れた日だ。

No.12

解説

How ～？は〈様子・状態〉をたずねる。sick「気分が悪い」。felt は feel「感じる」の過去形。took は take「連れていく」の過去形。ここでは the doctor's = the doctor's office。

解答 2

【英文】
This morning Kyoko felt sick. She didn't have breakfast. Her mother took her to the doctor's. Kyoko was in bed all day.

Question：How was Kyoko this morning？

【訳】
キョウコは今朝、気分がすぐれなかった。彼女は朝食を食べなかった。お母さんが彼女を医者へ連れていった。キョウコは、一日中寝ていた。

設問：今朝はキョウコの調子はどうでしたか。

【選択肢の訳】
1. 彼女は寒く感じなかった。
2. 彼女は気分がよくなかった。
3. 彼女は悲しかった。
4. 彼女はおなかがすいていた。

第5章 リスニング問題

直前対策集 Part ① 単語のまとめ

単語として特に覚えておきたいのは、少し抽象的な意味のものです。つまり、身の回りにある物の名前は覚えやすいのですが、pleasure「楽しみ」やsilent「静かな」など、目に見えないものを意味する単語は、物の名前以上に覚えておく必要があります。そんな単語を中心に品詞別に単語集としてまとめました。

名詞

- ☐ activity　活動
- ☐ age　年齢
- ☐ announcement　発表
- ☐ breath　呼吸
- ☐ business　仕事・事業
- ☐ clerk　店員・事務員
- ☐ cloth　布
- ☐ courage　勇気
- ☐ exercise　運動
- ☐ fun　楽しみ
- ☐ half　半分
- ☐ heat　熱・暑さ
- ☐ hour　時間
- ☐ idea　考え
- ☐ language　言葉・言語
- ☐ library　図書館
- ☐ magazine　雑誌
- ☐ merchant　商人
- ☐ nation　国・国家
- ☐ order　注文・命令
- ☐ outside　戸外
- ☐ plan　計画
- ☐ pleasure　喜び
- ☐ principal　主要な・校長
- ☐ promise　約束
- ☐ record　記録
- ☐ science　科学
- ☐ size　サイズ・寸法
- ☐ speech　話・スピーチ
- ☐ text　本文・原文
- ☐ universe　宇宙
- ☐ voice　声・音声

動詞

- ☐ announce　発表する
- ☐ attend　出席する
- ☐ believe　信じる
- ☐ breathe　呼吸する
- ☐ choose　選ぶ
- ☐ collect　集める
- ☐ decide　決心する
- ☐ develop　開発する
- ☐ discover　発見する
- ☐ discuss　議論する
- ☐ draw　引く・描く
- ☐ enter　入る
- ☐ explain　説明する

☐ fill	満たす		☐ heavy	重い・激しい	
☐ grow	育つ・育てる		☐ necessary	必要な	
☐ introduce	紹介する		☐ pleasant	快い	
☐ kill	殺す		☐ popular	人気のある	
☐ lend	貸す		☐ proud	自慢の	
☐ lose	失う		☐ ready	準備ができた	
☐ move	動く		☐ silent	静かな	
☐ refuse	拒否する		☐ simple	簡単な	
☐ reply	返事する・答える		☐ universal	普遍の	
☐ return	帰る・返す		☐ useful	役に立つ	
☐ shake	ゆする・振る				
☐ smell	においがする		**前置詞・接続詞**		
☐ spend	費やす		☐ across	〜を横切って	
☐ throw	投げる		☐ among	〜の中で	
☐ turn	向く・向きを変える		☐ between	(2つの物の)間で	
☐ win	勝つ		☐ beyond	〜を越えて	
☐ worry	心配する・悩む		☐ during	〜の間に	
			☐ except	〜を除いて	
形容詞			☐ though	〜ではあるが	
☐ absent	欠席の		☐ through	〜を通って	
☐ alive	生きている		☐ toward	〜に向かって	
☐ both	両方の		☐ under	〜のすぐ下に	
☐ careful	注意深い		☐ without	〜なしで	
☐ careless	不注意な				
☐ dangerous	危険な		**副詞**		
☐ dead	死んだ		☐ aloud	声を出して	
☐ dear	親愛な		☐ anywhere	どこでも	
☐ different	異なる		☐ suddenly	突然に	
☐ expensive	高価な		☐ usually	たいていは	
☐ famous	有名な				

直前対策集 Part② 熟語のまとめ

熟語を覚える秘けつはただ一つ、例文で覚えることです。意味がよく思い出せない熟語があったら、辞書で例文を探し出して、その例文ごと覚えるようにしましょう。

動詞の熟語

□ arrive in / at ～	～に到着する
□ be able to ～	～できる
□ be absent from ～	～を欠席する
□ be afraid of ～	～を怖がる
□ be covered with ～	～でおおわれている
□ be different from ～	～と異なる
□ be fond of ～	～が好きだ
□ be going to ～	～しようとしている
□ be good at ～	～が得意だ
□ be interested in ～	～に興味がある
□ be in trouble	困っている
□ be late for ～	～に遅れる
□ be ready to ～	～する準備ができている
□ be surprised at ～	～に驚く
□ belong to ～	～に所属している
□ call at / on ～	～を訪問する
□ care for ～	～の世話をする
	～を好む・望む
□ catch cold	かぜをひく
□ come from ～	～出身である
□ decide to ～	～することに決める
□ do one's best	最善を尽くす
□ enjoy ～ ing	～を楽しむ
□ feel like ～ ing	～したい気がする

□ get home	帰宅する
□ get on ～	～に乗る(↔ get off)
□ get up	起きる
□ give up ～	～をあきらめる
□ have a cold	かぜをひいている
□ have to ～	～しなければならない
□ hear from ～	～から便りをもらう
□ laugh at ～	～を笑う
□ listen to ～	～を聴く
□ look for ～	～を探す
□ look forward to ～	～を楽しみにする
□ look like ～	～のように見える
□ make A from B	B(原料)からAを作る
□ make up one's mind to ～	～する決心をする (↔ change one's mind)
□ pick up ～	～をひろい上げる
	～を車にのせる
□ prefer A to B	BよりもAの方を好む
□ promise to ～	～すると約束する
□ put on ～	～を着る
	(↔ take off 脱ぐ)
□ run over ～	(車などで)～をひく
□ take a picture	写真を撮る
□ take a trip	旅行する
□ take part in ～	～に参加する

☐ thank A for B	B について A に感謝する	☐ before long	間もなく
☐ think of ~	~について考える	☐ between A and B	A と B の間で
☐ try on ~	~を試しに着てみる	☐ by oneself	自分で・独りで
☐ turn on	(明かりなどを)つける (↔ turn off)	☐ day by day	日に日に・日ごと
		☐ each other	互いに
☐ wait for ~	~を待つ	☐ for example	例えば
☐ write to ~	~に手紙を書く	☐ for the first time	初めて
		☐ in order to ~	~するために

形容詞の熟語

		☐ in the future	将来は
☐ a glass of ~	グラス 1 杯の~	☐ in the past	過去には
☐ a lot of ~	たくさんの~	☐ in time	間に合って
☐ a pair of ~	一対の~	☐ not at all ~	全く~でない
☐ a piece of ~	1 切れの~	☐ of course	もちろん
☐ a sheet of ~	1 枚の~	☐ on the other hand	もう一方で
☐ out of date	時代おくれの	☐ on the way to ~	~に行く途中で
☐ up to date	最新の	☐ once upon a time	昔々(のことに)
		☐ one by one	一つずつ

副詞の熟語

		☐ the other day	先日
☐ after all	結局・やはり	☐ to one's surprise	驚いたことには
☐ after school	放課後に	☐ to tell the truth	実を言うと
☐ all at once	一斉に	☐ with a smile	笑顔で
☐ all over the world	世界中で		

前置詞の熟語

☐ as ~ as A	A と同じくらい~だ		
☐ as ~ as possible	できるだけ~	☐ at the age of ~	~歳の時に
☐ as usual	いつものように	☐ at the back of ~	~の後ろに
☐ at first	初めは	☐ at the beginning of ~	~の始めに
☐ at last	とうとう・最後に	☐ at the end of ~	~の終わりに
☐ at once	直ちに・すぐに	☐ because of ~	~のせいで / 理由で
☐ at present	今のところは	☐ in front of ~	~の前で / に
☐ at the same time	同時に	☐ out of ~	~から(外へ)

直前対策集 Part③ 文法のまとめ

1 比較の表し方

<比較級>

例　文	His hair is shorter than mine.　彼はぼくより短髪だ。
ポイント	shorter は short の比較級。ここでは、mine = my hair。shorter than ～「～より短い」。longer than ～「～より長い」。

<最上級>

例　文	This is the largest lake in Japan.　これは日本で一番大きな湖です。
ポイント	largest は large の最上級。the longest river「最も長い川」、the widest street「最も幅の広い通り」のように最上級のものは一つしかないから the をつけて使う。

<形容詞の比較級と最上級の作り方>

　　　①原級のあとに -er, -est をつける。long - longer - longest
　　　　　　　　　　　　　　　　　　　　short - shorter - shortest
　　　②最後が e で終わる語には -r, -st だけをつける。
　　　　　　　　　　　　　　　　　large - larger - largest
　　　③〈子音字＋y〉で終わる語は y を i に変える。
　　　　　　　　　　　　　　　　　happy - happier -happiest
　　　④〈短母音+子音字〉で終わる語は子音字を重ねる。
　　　　　　　　　　　　　　　　　hot - hotter - hottest
　　　⑤比較的つづりの長い語には more, most をつける。
　　　　　　　　　　　　　　　more beautiful - most beautiful
　　　⑥不規則に変化する形容詞は一つずつ覚える。
　　　　　　　　　　　　　　　　　good - better - best

<as～as>

例　文	My room is as large as this one. ぼくの部屋はこの部屋と同じくらいの大きさだ。
ポイント	as large as ～「～と同じくらいの大きさだ」。as tall as ～「～と同じくらいの背の高さだ」。as busy as ～「～と同じくらい忙しい」。

② 不定詞と動名詞の使い方

〈to+動詞の原形〉で作った言葉を不定詞と呼び、名詞、副詞、形容詞の役割を果たします。
〈動詞の原形＋ing〉で作った言葉を動名詞と呼び、名詞の役割を果たします。

＜名詞の役割を果たす不定詞＞

例　文	To ride a horse is not easy.　乗馬は簡単ではない。
ポイント	主語の To ride a horse は「馬に乗ること」の意味で名詞の役割を果たす〈to＋動詞の原形〉。

例　文	My dream is to be a writer.　ぼくの夢は作家になることだ。
ポイント	補語の to be a writer は「作家になること」の意味で dream の内容を示し、名詞の役割を果たす〈to＋動詞の原形〉。

＜形容詞の役割を果たす不定詞＞

例　文	My small sister wants something to drink. 妹は飲み物をほしがっている。
ポイント	to drink は形容詞の役割を果たす不定詞。something を後ろから修飾して「何か飲む物→飲み物」の意味になる。

＜副詞の役割を果たす不定詞＞

例　文	I am very happy to hear that. 私はそれを聞いてたいへんうれしい。
ポイント	to hear that は「それを聞いて」の意味で、副詞の役割（理由を表す）を果たす不定詞。

＜動名詞は名詞の役割を果たす＞

例　文	1　Swimming is good for our health.　水泳は健康によい。 2　My hobby is taking photos.　私の趣味は写真を撮ることです。
ポイント	Swimming は「泳ぐこと」の意味で主語の役割を果たす動名詞。taking photos は「写真を撮ること」の意味で hobby の内容を説明する補語の役割を果たす動名詞。

●著者
杉浦宏昌（すぎうら ひろまさ）
米国コロンビア大学教育学部大学院卒業。英語教授法修士。愛知県立高等学校英語教員を経て中京女子大学講師。日本人のための英語学習法、特に「児童英語教育」に関心がある。

○著書
　『絶対合格 英検3級』(高橋書店)

編集協力　どりむ社
録音　　　(財)英語教育協議会（ELEC）
ナレーション　Judy Venable, Jack Merluzzi
校正協力　杉浦佐代子、Mike Hendrik

絶対合格 英検4級

著　者　杉浦宏昌
発行者　髙橋秀雄
発行所　高橋書店
　　　　〒112-0013　東京都文京区音羽1-26-1
　　　　編集 TEL 03-3943-4529 / FAX 03-3943-4047
　　　　販売 TEL 03-3943-4525 / FAX 03-3943-6591
　　　　振替 00110-0-350650
　　　　http://www.takahashishoten.co.jp/

ISBN978-4-471-27398-9
Ⓒ TAKAHASHI SHOTEN　　Printed in Japan
定価はカバーに表示してあります。本書の無断複写は著作権法上での例外を除き禁止されています。本書のいかなる電子複製も購入者の私的使用を除き一切認められておりません。
また本書および付属のディスクの内容を、小社の承諾を得ずに複製、転載、放送、上映することは法律で禁止されています。無断での改変や、第三者への譲渡、販売（パソコンによるネットワーク通信での提供なども含む）、貸与および再使用許諾も禁じます。

造本には細心の注意を払っておりますが万一、本書および付属品にページの順序間違い・抜けなど物理的欠陥があった場合は、不良事実を確認後お取り替えいたします。下記までご連絡のうえ、必ず本書と付属ディスクを併せて小社へご返送ください。ただし、古書店等で購入・入手された商品の交換には一切応じません。

※本書についての問合せ　土日・祝日・年末年始を除く平日9：00〜17：30にお願いいたします。
　内容・不良品／☎03-3943-4529（編集部）
　在庫・ご注文／☎03-3943-4525（販売部）

※図書館の方へ　付属ディスクの貸出しは不可とし、視聴は館内に限らせていただいております。